백암정토찬

栢庵淨土讚

동국대학교 한국불교전서역주사업단
단 장 | 박인성
편집부 | 김종진, 이대형, 백진순, 박상준, 이인혜, 박인석

*한국불교전서역주 사업은 문화체육관광부의 지원으로
동국대학교 불교문화연구원에서 추진하는 사업입니다.

한글본 한국불교전서 조선 3
백암정토찬

2010년 6월 10일 초판 1쇄 발행
2025년 10월 13일 초판 3쇄 발행

지은이 백암 성총
옮긴이 김종진
펴낸이 박기련
펴낸곳 동국대학교출판부

주소 04626 서울시 중구 퇴계로36길2 신관1층 105호
전화 02-2264-4714
팩스 02-2268-7851
Homepage https://dgpress.dongguk.edu
E-mail abook@jeongjincorp.com
출판등록 제1973-000004호
편집디자인 꽃살무늬
인쇄처 코리아프린텍

ISBN 978-89-7801-269-0 93220

값 9,000원

한글본 한국불교전서 조선 3

백암정토찬
栢庵淨土讚

백암 성총栢庵性聰

김종진 옮김

동국대학교출판부

한글본 한국불교전서를 펴내며

『한국불교전서韓國佛敎全書』(전14책, 동국대학교출판부)는 1700년 역사를 지닌 한국 불교사상의 정수를 담은 책으로서 한국의 사상과 문화의 보고이다. 전서는 삼국시대부터 1900년대 초에 이르기까지 한국에서 찬술된 불교문헌을 집대성한 것으로서 국내외 연구자들에게 한국의 사상과 역사 및 문화를 연구하는 데 활용도가 매우 큰 것으로 인정받고 있다.

이렇듯 정성 들여 수집하고 간행한 전서의 모든 문헌을 이 시대의 언어감각에 맞게 번역하고 이를 간행하여 일반 독자들에게 제공하는 것은 우리 세대의 시대적 과제라 할 수 있다. 이는 한국 문화의 우수성을 우리 스스로 확인하고 이를 바탕으로 새로운 문화를 창조하는 데 필요한 것으로서 우리 시대에 수행해야 하는 문화적 사명임이 분명하다.

이에 동국대학교 불교문화연구원에서는 『한국불교전서』를 역주하여 『한글본 한국불교전서』를 펴내는 바이다. 이를 통해 오랜 세월 동안 묻혀 왔던 보배와 같은 문헌들과 위대한 사상

가들이 새롭게 조명되고 일반 독자들에게도 널리 읽히는 계기가 되기를 기대한다. 또한 이를 통해 한국 문화의 우수성을 재발견하고 우리 시대에 새로운 호흡을 불어넣는 가치관을 제시하는 데 밑거름이 될 것으로 기대한다.

사업의 진행과 역서의 출간에 도움을 준 문화체육관광부와 동국대학교 관계자 여러분께 심심한 감사를 드리며, 전서의 번역과 한글본의 완간이 마무리될 때까지 지속적인 성원이 있기를 당부드린다. 아울러 여러 가지 어려운 상황 속에서도 사명감을 가지고 동참해 주신 역자 여러분께 재삼 감사드린다.

2010. 6.

동국대학교 불교문화연구원장 박 인 성

백암정토찬栢庵淨土讚 해제

김 종 진
동국대학교 불교문화연구원 조교수

1. 개요

『백암정토찬』은 백암 성총(栢庵性聰, 1631~1700년)이 지은 장편의 염불 가요이자, 이를 단권 책자로 펴낸 단행본의 제목이다. 『한국불교전서』에 수록된 텍스트는 송광사 소장 목판본이며, 동국대학교 중앙도서관에 복사본이 소장되어 있다. 간행 장소와 연대는 드러나 있지 않으나, 내용을 통해 볼 때 백암이 63세 때(1693년) 지은 것으로 파악된다. 성총은 1686년(56세)에 정토 신앙 지침서인 『정토보서淨土寶書』를 펴낸 바 있는데, 말년에는 정토 신앙에 더욱 침잠하여 득의의 저술인 『백암정토찬』을 펴내게 된다.

내용은 정토와 염불에 관한 내용을 방대한 분량으로 변주하면서 또 자신의 서정의 세계를 시에 담아 놓은 것이다. 이 책은 『정토보서』의 내용을 토대로 하고 자신의 인생 여정과 수도의 과정에서 느꼈던 서정과 세상에 대한 목소리를 함께 담은 것으로서, 종교성과 문학성이 어우러진 작품이라 할 수 있다.

2. 저자

백암 성총栢庵性聰은 1631년(인조 9년)에 전라도 남원에서 태어났다. 13세에 순창 취암사鷲岩寺에서 출가하여 16세에 법계를 받았다. 18세에는 지리산 취미翠微 대사에게 나아가 9년간 수학해 법을 전해 받고 30세부터는 명산을 두루 다니면서 송광사松廣寺, 징광사澄光寺, 쌍계사雙溪寺 등지에서 강석을 펴서 후인을 지도하였다. 그는 불경 이외에 외전에도 능통했고 시를 잘 지어 당시의 명사들과 교유가 있었는데, 김문곡金文谷, 정동명鄭東溟, 남호곡南壺谷, 오서파吳西坡, 최동강崔東岡 등이 유명하다.

숙종 7년(1681년) 가을에 서적을 가득 실은 중국 배가 풍랑을 만나 신안 앞바다 임자도荏子島에 좌초하였는데 여기에는 명나라 평림平林 섭기윤葉祺胤 거사가 교간校刊한 여러 문헌이

실려 있었다. 성총은 소문을 듣고 여기저기 흩어져 있는 단편들을 수습한 후 190여 권의 책을 간행하여 징광사, 쌍계사 등지에 안치하였다. 성총의 판각은 숙종 21년(1695년)에 회향식을 하기까지 약 15년 동안 지속된 거대한 불사로서 한국의 불교사와 출판문화사에서 주목할 만한 업적으로 평가된다.

그가 남긴 저술을 시대순으로 제시하면 다음과 같다.

『정토보서淨土寶書』, 1686년(숙종 12년)
『금강반야경소론찬요간정기회편金剛般若經疏論纂要刊定記會編』, 상동
『사경지험기四經持驗記』, 상동
『대혜보각선사서大慧普覺禪師書』, 상동
『법집별행록절요병입사기法集別行錄節要幷入私記』, 상동
『선원제전집도서禪源諸詮集都序』, 상동
『고봉화상선요高峰和尙禪要』, 상동
『대방광불화엄경소초大方廣佛華嚴經疏鈔』, 1690~1700년
『대명삼장법수大明三藏法數』, 1690년(숙종 16년)
『백암정토찬栢庵淨土讚』, 1693년(숙종 19년)
『화엄현담회현기華嚴懸談會玄記』, 1695년(숙종 21년)
『치문경훈緇門警訓』, 상동
『대승기신론소필삭기회편大乘起信論疏筆削記會編』, 상동

『백암집栢庵集』

이 가운데 정토 신앙과 관련된 문헌으로는 『정토보서』와 『백암정토찬』이 있다. 『백암정토찬』은 그가 만년에 귀의한 염불 신앙의 요체와 자신의 체험적 신앙을 담은 가요인데, 그의 판각 활동과 관련하여 볼 때 『정토보서』와 밀접한 관련성을 가지고 있다. 『정토보서』에는 아미타불의 인지因地, 정토기신문淨土起信文, 염불법문念佛法門, 염불의 공덕, 불설아미타경, 염불현응念佛現應, 일과염불日課念佛, 역대존숙歷代尊宿, 정토과험淨土果驗 등 염불과 관련된 여러 글들이 다채롭게 소개되어 있다. 『백암정토찬』은 『정토보서』를 간행한 저자가 인생의 노년기에 정토 신앙을 구현하기 위해 부른 정토의 노래인 것이다.

백암 성총은 1692년(숙종 18년) 선암사仙巖寺에서 화엄대법회를 개설하였고, 1700년(숙종 26년)에 세수 70세, 법랍 54년으로 입적하였다.

3. 서지 사항

『한국불교전서』에 수록된 텍스트는 송광사 소장 목판본이며, 동국대학교 중앙도서관에 복사본이 소장되어 있다. 간행

장소와 연대는 드러나 있지 않으나, 내용을 통해 볼 때 백암이 63세 때(1693년) 지은 것으로 파악된다.

간행처는 확실치 않으나 그가 여러 저술을 판각했던 징광사나 쌍계사일 것으로 추정된다. 동국대학교 중앙도서관의 서지에는 발행사항으로 [發行地不明]: [發行處不明], 大正 15(1926)년으로 소개되어 있으나, 이는 책의 표지에 후대에 첨가한 사항에 따른 것이어서 정확하지는 않다. 즉 책의 앞부분의 속표지에는 "대정大正 15년(1926년) 병인丙寅 여름, 본사의 강성천康性天 스님에게 태안사泰安寺 양영월梁映月 화상의 장판본을 등사하게 하다. 기산자綺山子 쓰다."라는 글이 필사되어 있다. 이 구절은 『백암정토찬』의 앞쪽 속표지에 실린 것으로 인쇄된 목판본에 필사한 것이다. 기산자는 임석진(林錫珍 : 1892~1968년. 송광사 주석)의 호인데, 따라서 이 문헌은 기산자가 한국불교 찬술 문헌에 관심을 가지고 수합한 자료 중의 하나임을 알 수 있다.

4. 내용과 성격

작품의 내용은 크게 두 가지로 나누어 볼 수 있다. 하나는 정토 신앙의 소의경전인 『아미타경』, 『불설무량수경』, 『관무량수경』의 내용에 기반한 정토세계와 관련된 다양한 내용이고, 다른 하나는 시인이자 수행인으로서 화자 자신이 느끼는 삶과 수행에 대한 여러 감상이 담겨 있는 내용이다. 정토세계와 관련된 내용과 화자 자신의 회고와 다짐은 서로 대등한 비중으로 균형을 이루고 있다.

정토를 노래한 장은 그 순서에 상관없이 크게 다음과 같이 나누어 볼 수 있다.

① 법장 보살의 인지(48大願) : 26, 88장

② 극락의 장엄(정보正報 장엄, 의보依報 장엄) : 2장~28장

③ 극락왕생의 방법(염불문) : 6, 13, 20, 40, 41, 42, 67, 68, 70, 90, 93, 94장

④ 왕생전(염불문의 유전) : 30, 91, 99장

이러한 내용은 앞에 제시한 대로 정토 신앙의 소의경전인 정토 3부경을 토대로 하고, 여기에 『정토보서』에 담긴 여러 내용이 교차되어 형성된 것이다. 이 작품이 단순한 정토 신앙의 홍법이라는 목적성에 매몰되지 않고 시적 성취를 얻을 수 있었던 것은 자신의 삶과 구도행각을 자연에 대한 묘사를 통해 서정적 분위기로 표출하였기 때문이다. 물론 내용상의 두 가지 지향은 하나의 장에 어우러져 있는 경우도 있고, 전체적으

로는 두 가지 내용이 얼마나 조화롭게 어우러져 있는가에 따라 작품의 성취가 결정되기 때문에 단순하게 양단으로 분류하는 것은 적당치 않을 것이다.

작품의 대체적인 흐름을 살펴보면 다음과 같이 정리할 수 있다.

서사(1장)

본사

① 2~28장 : 극락세계(의보依報 장엄)

② 29~36장 : 화자의 인생 회고와 염불 다짐

③ 37~42장 : 정토의 광경과 의미. 왕생의 방법

④ 43~87장 : 화자의 인생 회고. 유유자적의 삶과 지향

⑤ 88~99장 : 정토문 개관

결사(100장)

작품은 극락세계에 대한 묘사와 화자의 인생 회고와 염불 정진의 내용이 교차되는 반복 구조를 지니고 있으며, 전체적으로는 37~42장의 내용을 중심으로 전후 대칭되는 구조를 지니고 있다.

극락세계와 관련된 담론으로는 본사의 ①, ③, ⑤단락이다. 먼저 ①단락에서는 극락세계의 다양한 광경을 소개하면서 일정한 분량으로 묶어 그곳에 이르는 방법을 소개하고 있다.

즉, 극락의 장엄한 광경을 낱낱이 소개하되 평균적으로 5개의 장을 묶어서 나열한 뒤 이를 한두 개의 장으로 받아서 그 왕생의 방법을 약술하는 방식으로 내용을 단락화하고 있다.

이는 동일한 주제를 나열하는 ③단락에서 다시 반복된다.

⑤단락에서는 이상에서 제시한 여러 담론들을 다시 약술하는 내용으로 되어 있다. 법장 비구의 48대원·16관·정토 3부경·중국에서 염불문이 전승된 유래 등에서부터 극락의 명칭·정보·의보 장엄의 묘사에 이르기까지 종합적으로 제시되어 있다.

이에 비해 ②, ④단락은 화자의 정서를 서정적으로 표출하고 있어 전체적으로 서정적으로 시상을 이끌어 가는 기능을 하고 있다. 그 전환이 되는 장은 29장이다.

> 태어난 지 육십 하고도 삼 년
> 헛되이 세월만 보내 잔설이 머리에 가득하네.
> 불자 휘두르며 강론할 때 헛되이 혀를 놀렸고
> 게송을 읊는 곳도 또한 선에 방해될 뿐.
> 푸른 넝쿨 안개 낀 달 그 누가 주인인가.
> 푸른 멧부리 운무 낀 시내 나 홀로 다 차지했네.
> 지금부터 이 가운데서 마음 고요히 머문 채
> 서방 가는 정토업 지극 정성 닦으리라.

화자의 나이 63세는 작자인 백암 성총의 나이를 가리키는 것으로 보이는데, 여기에는 그가 정토업 수행에 전념하게 되는 계기와 앞으로의 다짐이 잘 드러나 있다. 이외에도 한가한 절집에서 아미타경을 외는 모습(33장), 장년에는 관북지방, 늘그막엔 남쪽 땅으로 운수행각하는 모습(34장), 낮에는 경을 외우고 밤에는 염주를 돌리는 모습(35장), 먼 유람길 마치고 돌아와 염불하는 모습(47장), 절집의 봉우리와 숲에서 소요하며 자적하는 즐거움(50장), 연지회에 들어가서 정토맹세 다짐하는 모습(55장), 강원과 선방이 황폐해진 어지러운 불교계를 한탄하는 모습(54장), 63년의 생애를 반추하며 인생무상을 느끼며 아미타불이 으뜸임을 표방하는 내용(62장), 세상일이 헛된 꿈이라며 장자를 읽는 모습(81장), 강설을 그칠 것을 다짐하며 염불에 전념하겠다는 내용(87장) 등 다채로운 소재와 정황을 제시하였다. 이러한 내용은 전체적으로는 늘그막에 오직 염불하여 극락왕생하는 데 전념하겠다는 다짐으로 귀결되어 있음은 물론이다.

87장을 소개한다.

바람은 골짜기 새와 화답하여 봄의 따스함 희롱하고
삼나무 계수나무 그늘 속에 낮에도 문을 닫고 있네.
소나무 대나무는 겨울에도 오히려 절개 있거늘

배나무 복숭아는 봄 다하자 스스로 말이 없네.
이승에는 차마 견디기 어려움 이미 알고서
비로소 서방에 세존 계심을 믿네.
이제부턴 모름지기 강설을 열지 않고
부처님 명호 부르며 아침저녁 지내리라.

기구와 승구에서는 화자가 거주하고 있는 산사의 주변 경관의 고즈넉함을 여실히 묘사하였다. 봄날에 훈풍이 불고 새가 지저귀는 아름다운 서경 속에 화자는 절집 문을 굳게 닫은 채 고요함에 묻혀 있다. 자연과 인간이 서로를 경계 짓지 않는 여여한 삶을 살고 있는 모습을 묘사한 것으로 보인다. 그러나 이승에서의 안온한 즐거움은 더 이상 내 삶의 목표나 지향이 될 수는 없으며 서방 세계 부처님을 뵈옵는 것이 하나 남은 내 삶의 지향이 되고 있다. 그리하여 화자는 강설을 폐하면서 다만 아미타불을 염불하며 하루하루 지내겠다는 소박하면서도 간절한 염원을 노래하고 있는 것이다.

『백암정토찬』이 한 편의 시로서 승화되는 것은 단순한 교리의 나열이 아니라 시의 약 반을 차지하는 분량에 담은 자신의 삶의 체취와 지향 때문이다. 그의 비문에 있듯이 그는 시에 재능이 있는 것으로 당시에 인정받았으며, 시적 제재를 선택하고 이를 형상화하는 탁월한 재능이 있었기에 『백암정토찬』 역시 교술성을 전면에 내세우되 서정성으로 이를 감싸는 방식으로 구상하였고 이것이 이 작품의 문학적 감동을, 종교적 감동을 후대에까지 전할 수 있었던 요인이 된 것으로 생각한다.

5. 가치

조선시대에 찬술된 정토 관련 저술로는 17세기 전반의 『권념요록勸念要錄』, 17세기 중반의 『정토보서淨土寶書』, 『백암정토찬栢庵淨土讚』, 18세기의 『보권염불문普勸念佛文』, 『신편보권문新編普勸文』, 『염불환향곡念佛還鄕曲』, 19세기의 「권왕가勸往歌」, 「자책가自責歌」, 20세기의 「정토찬백영淨土讚百詠」 등이 대표적이다.

나암 보우懶庵普雨의 『권념요록』은 원나라 사람인 왕자성王子成의 『예념미타도량참법禮念彌陀道場懺法』에서 왕생전 10편을 가려내고 여기에 「왕랑반혼전」을 추가하여 펴낸 한글현토본 염불 권장서이다.

17세기 중반 이후에는 백암 성총의 저술활동이 두드러지는데, 1686년에 개간한 『정토보서』와 1693년에 간행한 『백암정토찬』이 있다. 백암 성총은 1681년 폭풍을 만나 전라도 신안의 임자도에 우연히 떠내려 온 정토 서적을 간추려 『정토보서』를 펴내었는데, 이는 아미타불의 인지에서 염불 법문, 왕생전에 이르는 복합적인 염불 권장서로서 나름대로 매우 체계적으로 정리된 책이다. 이어 7년 후 성총은 자신의 개인적인 신앙적 체험 속에 이를 융합시켜 『백암정토찬』 100수를 완성하였다.

18세기에는 거의 1세기에 걸쳐 한글로 된 염불 권장서가 광범위하게 판각되었다. 1704년 용문사에서 개간된 『보권염불문』은 국한문 대역의 염불서로서 최초의 판본은 1741년 수도사에서 간행하였다. 이후 1764년 동화사, 1765년 흥률사, 1765년 묘향산 용문사, 1776년 해인사, 1787년 선운사 본의 간행으로 성황을 이루게 된다. 1776년의 『신편보권문』 역시 이러한 움직임의 후반을 장식하는 것이다. 이 문헌은 18세기 염불신앙의 흥성을 반증하면서 동시에 그 흥성에 결정적인 기여를 한 것으로 파악된다.

1764년에 동화사에서 『보권염불문』을 판각한 기성 쾌선箕城快善은 「회심가」를 지어 『보권염불문』에 편입시켰으며, 「청택법보은문請擇法報恩文」이라는 논설에서 당대의 민중들의 근기에 맞는 일단의 법어를 완성할 것을 주장함과 동시에 이를 「염불환향곡」이라는 장편의 한문 가요로 재창조하였다.

18세기 이후 19세기에 걸쳐 여러 편의 불교가사(「회심곡」, 「회심가」, 「권왕가」, 「자책가」)가 창작되거나 구연되어 성황을 이루었다.

특히 1850년대에 건봉사의 만일염불회와 관련이 있는 동화 축전東化竺典의 「권왕가」는 1200구의 장편 한글 가요로서 지금까지 나온 염불과 관련된 다양한 담론을 하나로 포괄하는 총체적인 저술로 평가받고 있다.

이러한 장편의 염불 가요는 『정토보서』와 『백암정토찬』에 그 문학사적인 연원이 있다고 볼 수 있다.

20세기에 이르러서는 금명 보정이 「염불요문과해念佛要門科解」라는 논설과 「정토찬 백영淨土讚百詠」이라는 100수의 장편 염불 가요를 저술하였다. 특히 금명 보정의 「정토찬 백영」은 미타경과 백암 성총의 정토찬을 읽고 정토찬의 100수의 운자를 그대로 따르면서 새로 창작한 게송이라 하였다.

이처럼 『백암정토찬』은 조선 후기 삼문수학의 체계를 정립하는 데 크게 기여한 백암 성총이 지은 정토 가요로서 당대의 불교사상의 흐름과 무관하지 않은 가치를 지니고 있다. 그리고 정토 3부경 이외에 다른 저작이 없었던 정토 신앙의 개설서를 최초로 펴낸 것이 『정토보서』이고, 이를 바탕으로 한글을 부기하여 펴낸 대중적 염불 권장서가 『보권염불문』이었다고 볼 때, 조선 후기 염불 신앙의 흥성에 이론적 뒷받침이 된 것으로 판단할 수 있다. 한문 가요인 『백암정토찬』은 염불 신앙에 대한 총체적인 내용을 담고 있고, 여기에 자신의 삶과 수도인으로서의 지향을 서정적으로 담음으로써 한 편의 시로

서도 문학성을 담보할 수 있게 되었다. 이러한 장편 한문 가요의 전통은 18세기 중엽에 기성 쾌선箕城快善의 『염불환향곡念佛還鄕曲』으로 이어지게 되며, 다시 1914년에 『백암정토찬』의 시적 구조를 그대로 활용한 『정토찬 백영』의 찬술로 이어지게 된다. 이러한 점에서 『백암정토찬』의 창작과 판각의 가치는 조선 후기의 불교사상사의 전환, 출판문화사의 일대 장관, 염불 신앙을 바탕으로 한 장편 가요의 전통을 창출한 문학사적인 의의 등에 있다.

6. 참고자료

김종진, 『불교가사의 계보학, 그 문화사적 탐색』, 소명출판, 2009.

성타, 「백암의 사상」, 『숭산 박길진 박사 화갑기념 한국불교 사상사』, 동편찬위원회, 1975.

이종수, 「조선 후기 정토사상연구」, 『회당학보』 13집, 회당학회, 2008.

이종찬, 『한국불가시문학사론』, 불광출판부, 1993.

차례

일러두기

1 '한글본 한국불교전서'는 문화체육관광부의 지원을 받아 동국대학교 불교문화연구원에서 수행하고 있는 '한국불교전서역주' 사업의 결과물을 출간한 것이다.
2 이 책의 번역은 『한국불교전서』(동국대학교출판부 간행) 제8책의 『백암정토찬栢庵淨土讚』을 저본으로 하였다.
3 본문의 일련번호는 독자의 편의를 위해 옮긴이가 붙인 것이다.

백암정토찬
栢庵淨土讚

백암 성총栢庵性聰 찬撰

백암정토찬栢庵淨土讚 서序

나는 본래 소식蘇軾의 글을 읽고 중국에 예로부터 정토사淨土寺가 있다는 것은 알았지만 정토의 의미가 과연 무엇인지는 전혀 모르고 있었다. 언젠가 며칠을 교외에 머물고 있을 때 호가 태고太古인 한 늙은 스님이 책을 한 권 들고 와 보여 주었는데, 이 책은 곧 태고의 돌아가신 스승인 백암栢庵이 지은 정토시淨土詩였다. 지난날에 잘 알지 못하였던 것이 책을 펼치자 명료하게 되어 남은 한이 없었다. 또 백암이 평소 극락의 경계에서 유유히 노닐면서 자득하다가 여력이 생기면 문장에 재능을 사용한 경지도 알 수 있었다.

아, 백암과 이별한 지 어느덧 16년이 되고 백암께서 입적하신 지 벌써 5개월이 되었는데, 남기신 말씀이 세상에 남아 있어 능히 사람의 이목을 비추니, 옛말에 이른바 '죽어도 썩지 않는다'[1]는 것이 바로 이를 두고 하는 말이로다. 비록 그러하나 말이 있음은 말이 없음만 못한데, 백암께서는 어찌 번거로움을 꺼리지 않고 백여 편의 시를 남겨 놓았던 것일까. 장차 누설한 잘못으로 대방가大方家의 웃음을 크게 받지는 않겠는가. 이는 아마도 몽매한 무리를 안타까이 여겨 그분이 깨우친 바를 사람들에게 미루어 주고자 한 것이리라. 도리어 나도 특별히 느끼는 바가 있으니, 호계虎溪의 웃음[2]을 이제는 다시 얻을 수 없음이여!

대사의 제자가 스승의 유고에 서문을 부탁하니, 내 비록 글솜씨는 없으나 어찌 한마디 말이 없을 수 있겠는가. 이미 대사가 말을 남긴 것에 의문을 표했지만, 나도 일부러 말해 주는 것을 면할 수 없도다. 어찌 시詩를 구하여 그 의미를 얻지 못하기를 바라겠는가. 이에 말한다.

경진庚辰년(1700년) 동짓달 하순에
촌장거사寸丈居士 최내심崔乃心 쓰다

아, 이 정토찬淨土讚은 곧 내 방외의 벗인 백암 대사栢庵大師께서 새로 읊은 것이다. 태고太古 노선사가 소매를 열어 나에게 보여 주니, 이는 대개 백암이 갑자기 입적하여 비밀한 가르침을 다시 받들어 받기 어려움을 애석히 여기고, 남기신 시편에 그리움을 부쳐 오래도록 전하고자 한 것이다.

나는 이에 책을 음미한즉 백암 노스님의 음성과 모습과 기운이 완연히 여기에 있는 듯하였다. 나는 백암이 불도佛道에 있어 의심덩어리(疑團)를 이미 깨뜨리고 정안正眼을 바야흐로 여신 분임을 알았다. 이는 이른바 서쪽 하늘의 청정 세계를 눈앞에 분명히 둔 채, 발을 들어 이를 밟고 몸을 세워 거처하신 것이다. 또 중생의 어리석음과 절집이 황폐해짐을 안타까이 여기고 잡초를 뽑아 어지러운 길을 가리켜 이르지 못하는 사람이 없게 하려 한 것이다. 이에 정토淨土라는 한 조각 땅을 잡아 불가에서 널리 구제하는 자비로운 배로 삼아서, 선정禪定에 들어가는 초학자에게 학 발자국의 어지러움(水鶴之紛)[3]과 어로불변(魚魯之仹)[4]의 근심을 없게 하였다. 문자상으로는 미묘한 뜻을 얻었고 오묘한 비결을 간략히 모아 놓았으며, 또한 첫 번째 등각로等覺路[5]에서 무량계無量界[6] 피안彼岸에 바로 올랐으니, 백암이 선문禪門에 끼친 공로는 길 안내자(伻)와 같을진

저. 진실로 백암의 정토시는 열자列子의 화서華胥나 장자莊子의 건덕建德[7]과 달라서 영원토록 불교의 참된 종지가 될 것이다.

죽음과 삶, 계심과 안 계심에 대한 감회는 내가 백암 노스님을 위해서 말하기는 부족하지만, 지난날을 생각해 보니 스스로 느끼지 못하는 사이에 처연해진다. 어찌 이에 한마디 말이 없을 수 있겠는가.

임오壬午년(1702년) 중양일重陽日에
소치자笑癡子 강덕수姜德秀 쓰다

태고太古 노스님께서 방장산方丈山에서 우리 산문으로 발길을 옮기셨으니, 스님과 나의 만남은 이로써 두 번째에 이른다.

말이 끝나기 전에 두 손을 마주잡고 말하기를 "저희 선사先師 백암栢庵 대화상께서 남기신 백운百韻의 정토찬淨土讚은 대사께서 평생의 지혜와 서원을 기술하여 바야흐로 뒤에 오는 자들에게 미혹한 길을 가리켜 보이신 것으로, 담긴 뜻 또한 깊습니다. 이를 장차 판에 새겨 오래도록 전하고자 합니다. 주인장께서는 우리 스승과 평소 교분이 있었으니 어찌 한마디 말씀으로 서문을 써 주시지 않을 수 있겠습니까?"라고 하였다. 나는 웃으며 말하기를 "글쎄올시다. 한 사람의 미덕을 선양하려면 반드시 당대의 위대한 인물을 기다려야 합니다. 하물며 불가의 묘리를 어찌 저 같은 선비가 명료하게 말할 수 있겠습니까?"라고 하였다. 고사하는 말이 더욱 깊을수록 간청하는 말이 더욱 정성스러웠으니, 스승을 위한 정성이 대개 지금을 천시하지 않은 것이었다.[8] 게다가 백암 노스님과는 내 일찍이 산수에서 함께 노닌 인연이 있어 더욱 떠나심에 대한 느낌이 사무쳤다.

그리하여 말하기를 "정토는 곧 불경에서 말한 서방정토로다. 그런데 선가禪家에는 별도로 자재自在로운 청정법계가 있어 이미 무량 광대한 세계를 밝히고 있으니, 선문禪門의 길에 들어가고자 하는 이는 반드시 먼저 피안에 올라야만 한다. 이때 비로소 정토에 왕생한다고 할 수 있을 것이다. 그러나 넘실거리는 고통의 바다에서 그 돌아갈 곳을 아는 이 드물도다. 깊이 생각건대 백암 노스님께서 크고 크신 지혜와 서원을 발하여 노래에 담아낸 것은, 장차 이를 구도자의 나침반으로 삼아서 금색계金色界[9]로 뛰어올라 함께 부처님의 미묘한 비결을 받들게 하려 한 것이니, 그 뜻이 또한 넓도다. 애석하도다. 하늘이 세월을 빌려 주지 않아 갑자기 입적하셨으니, 덧없는 세상에 어찌 한마디 탄식을 참을 수 있겠는가. 그러나 불교식으로 표현하자면, 백암 노스님께서 어찌 생사를 벗어나 극락세계에 활보하면서 왕사성王舍城의 둥근 달을 낭랑하게 읊는 것이 아니겠는가. 이 찬讚이 선림禪林에 영원히 유통 전승되는 것은 진실로 내 말을 기다리지 않아도 될 것이나, 이미 그 정성에 감동하여 그분을 추모하였으니 쓸데없는 탄식을 덧붙인 것이로다."라고 하였다.

스님은 합장하며 사례하였다. 이에 쓴다.

숭정崇禎 갑신甲申 후 임오壬午년(1702년) 중양일重陽日
취몽헌醉夢軒 주인 양천경梁天卿

푸른 넝쿨 안개 낀 달 그 누가 주인인가.
푸른 멧부리 운무 낀 시내 나 홀로 다 차지했네.
지금부터 이 가운데서 마음 고요히 머문 채
서방 가는 정토업 지극 정성 닦으리라.

백암정토찬

사운四韻 백 수百首[10]

1 …

저 멀리 해지는 끝 한 나라 가리키니
평탄한 길 숫돌 같고 곧기는 활줄 같네.[11]
돌아갈 때 산들산들 황금 누대에 이르면
왕생처엔 무성하게[12] 둥근 연꽃 피어나리.
스스로 마음을 하나로 모아야만 마음 어지럽지 않고
십념十念[13]을 말하지 않으면 그 염불 전일하지 않다네.
아미타 부처님의 깊으신 자비의 서원이여!
어찌 우리들이 한 발치 앞에 두고 물러설 수 있으리오.

遙指家邦落日邊　路平如砥直如絃
歸時冉冉金臺至　生處田田玉藕圓
但自一心心不亂　休論十念念非專
從來敎主深悲願　爭奈吾人却步前

2 …

청련화 빛나고 백련화 활짝 피니
네 가지 색 찬란한 빛이 전각 누각 비추도다.
몸에 맞는 보배 옷 생각 따라 나타나고
소반 가득 맛 좋은 진미 때에 맞게 생겨나네.
하늘에선 밤낮으로 하늘 꽃비 내려오고
귓가엔 시시때때 설법 음악 떠들썩해.
부처님 찬양하시는 소리 진실로 간절하니
중생들 어찌 귀의하지 않으리.

青蓮花映白蓮開　四色光輝射殿臺
稱體寶衣隨念現　滿盤珍味應時來
空中晝夜天華雨　耳畔時常法樂豗
我佛讚揚誠苦口　衆生安得不歸哉

3 …

눈 깜짝할 사이에 백년이 훌쩍 지나가니
그 사이에 여덟 가지 고통[14] 교대로 볶아 대네.
몸은 비록 연화세계에 미치지 못하더라도
마음은 모름지기 극락하늘로 돌아가야 하리.
일곱 겹 늘어선 나무엔 보배 그물 걸려 있고
천 손의 관음보살 부처님을 위요圍繞[15]하며
세상에선 희유한 여러 가지 일들이
뚜렷하고 분명하게 눈앞에 펼쳐지네.

一瞬中經此百年　其間八苦又交煎
身雖未到蓮華界　心即須歸極樂天
行樹七重懸寶網　薩埵千指遶金仙
甚爲希有多般事　了了分明在目前

4 …

인간의 백 가지 일 모두가 꿈일러라
하물며 세월이란 한번 던진 베오리 북 같음에랴.
열 번의 염불로 극락에 승천하니
천 생의 죄 멸하여 사바세계 벗어나네.
옥 숲과 구슬 나무들은 금빛 동산 장식하고
희고 붉은 연꽃들은 푸른 물결에 비치었네.
짐짓 묻노니 이곳의 교주는 누구이신가?
부처님 존귀한 이름 아미타불이시라네.

人間百事摠南柯　況復光陰一擲梭
十次念成昇極樂　千生罪滅謝娑婆
玉林珠樹粧金苑　白藕紅葉映綠波
借問阿誰爲敎主　佛陁尊號是彌陁

5 …

해 지는 서쪽에 극락세계 있으니
부처님 설법 듣자마자 마음 벌써 감복되네.
십신의 상호[16]가 삼계를 초월하니
수많은 보배 찬란한 빛이 팔방에 비추네.
하늘 밖 꽃비는 한 잎 한 잎 내려오고
못 가에 물새는 쌍쌍이 서 있네.
황금 땅은 평평하기가 손바닥 같아서
겹겹의 산과 강으로 막혀 있지 않다네.

日沒之西有樂邦　纔聞聖說已心降
十身相好超三界　百寶光明映八窓
空外雨華來片片　池邊水鳥立雙雙
黃金地面平如掌　不隔重山與複江

6 …

업의 인연[17]으로 사바 세상 태어났으나
사는 세월 줄어드는 것 한 찰나에 불과하네.
저 대자대비 부처님 손을 내려 잡으시나
우리들 스스로 포기하여 물러나니 어찌하려오.
출가할 땐 티끌 그물 벗어나려 했었지만
이익 좇다 마침내 세상 물결 휩쓸리네.
칠일 동안 능히 마음 산란하지 아니하면
미타님이 깨우쳐 주지 않아도 극락왕생 하리라.

業緣生在此娑婆　減却時光一刹那
彼佛大慈垂手接　吾人自棄退身何
出家雖是離塵網　求利終須逐世波
七日倘能心不亂　西歸寧讓喩彌陁

7 …

정토에 곧바로 왕생하니 어찌 작은 인연인가
범부의 몸 성인 되니 그 복 정말 끝없도다.
악도와 윤회의 괴로움 영원토록 벗어나서
부처님을 친히 뵈니 희고 둥근 달일러라.
낱낱의 꽃 좌대에 빛 그림자 출렁이고
겹겹의 보배 나무에 음악 소리 펼쳐지네.
극락도사[18]의 비원은 깊기가 바다 같으니
고생고생 여러 해 힘쓸 필요 없다네.

淨土超生豈小緣　凡身成聖福無邊
永離惡道輪廻苦　親覩金容皎月圓
一一華臺光影動　重重珠樹樂音宣
導師悲願深如海　不用辛勤積有年

8 …

구슬로는 누대 전각, 옥으로는 숲 만들고
사람은 순일한 양기요[19] 땅은 황금이라.
꽃비는 하염없이 밤낮없이 내려오니
바람 구름 어찌 다시 청음[20]이 있으리오.
못 가운데 연꽃이 여러 빛깔 띠고 있고
숲 속의 가릉빈가[21] 법열 음악 노래하네.
정토의 시방 세계 비록 한량없지만
미타님의 서원만이 홀로 넓고 깊도다.

珠爲臺殿玉爲林　人是純陽地是金
華雨長飛無晝夜　風雲那復屬晴陰
池中菡萏分光色　樹裡頻伽奏法音
淨土十方雖勿量　彌陁誓願獨弘深

9 …

서쪽의 푸른 바다 저 멀리 바라보니
지는 해는 수직으로 산꼭대기 떨어지네.
그곳에 세존이 있어 수고로이 맞이하고
범용한 무리들 누추함을 벗어나게 하시네.
연꽃은 하나하나 수레바퀴같이 크고
옥으로 된 나무는 겹겹이 보배 그물 걸쳤네.
영겁의 수명 다하도록 보배 옷과 맛진 음식 있으니
제천 세계 즐거움에 온갖 것 더한 것과 견줄 만하네.

西臨滄海快遐瞻　落日亭亭下峀尖
旣有世尊勤接引　可能凡骨脫廉纖
蓮華一一車輪大　琪樹重重寶網兼
劫壽珎衣並美食　比諸天樂百般添

10 …

정토에 왕생한 이는 모두가 상선인들
여러 가지 즐거운 일 다 말하기 어려워라.
상서로운 빛 밝게 빛나니 어찌 해가 필요하며
영겁의 수명 길게 이어지니 세월 기록치 않는다네.
새소리는 재잘재잘 묘한 진리 펼치고
연꽃 향기 살랑살랑 옷가지에 스며드네.
만약에 스스로 귀의하는 마음 간절하면
십만여 리 먼먼 길도 한순간에 이르리라.

淨土生皆上善人　重重樂事且難陳
祥光晃昱何須日　劫壽綿長不記春
鳥語間關宣妙理　蓮香披拂襲衣巾
自家倘或歸心切　十萬餘程一息臻

11 …

설법 들으니 미타님의 원력 깊어서
십겁이 지나도록 해조음[22]을 펴셨다네.
새소리 바람소리 모두가 법을 펴고
땅에 펼친 연못 모래 모두가 금이라네.
한 번 깨달음에 삼세의 묵은 습기 문득 공해지니
억만 년 살도록 어찌 흰 머리 덮이리오.
간곡하게 사람들에게 말하노니
헛된 명성 때문에 스스로 침몰하지[23] 말기를.

聞說彌陁願力深　邇來十劫演潮音
鳥吟風籟皆宣法　地布池沙盡是金
一覺頓空三世習　億齡寧受二毛侵
慇懃爲報時人道　莫以浮名自陸沉

12 …

공명조 가릉빈가 여러 새들 함께 울어
듣기 좋은 화음으로 나무 그늘도 시원하다.
허공 가득 재잘재잘 무생곡[24] 울리고
휘둥그레 밝은 빛은 불야성 이루었네.
천 칸의 누각은 모두 칠보로 단장하고
성문[25]은 8해탈[26]과 3명[27]의 신통력을 갖추었네.
아미타 대도사께서 팔을 뻗어 인도해 주신 것은
그대들이 찌들어서 온갖 고통에 얽혀 있기 때문이라.

共鳴頻伽衆鳥鳴　好音和雅樹陰淸
滿空嘹喨無生曲　奪目輝光不夜城
樓閣千間皆七寶　聲聞八解又三明
導師伸臂勸相接　爲爾婆娑衆苦縈

13 …

우리 부처 자비하심 헤아릴 수 없나니
정성스레 서방 향하는 길 일러 주셨네.
5천여 겁[28] 동안 두루 말씀 펼쳤으나
십육관경에서 가장 높이 찬양하셨네.
스님들과 재가신도 앞서거니 뒤서거니 왕생하니
속인의 마음과 성인의 지혜라는 분별 모두 함께 잊었도다.
만약 깊은 은덕 보답하려거든
그 경전 늘 읽으라고 널리 권해야 하리.

我佛慈悲沒可量　慇懃指示向西方
五千餘劫雖宣說　十六觀經極讚揚
出俗在家前後往　凡心聖智兩俱忘
若爲報答深恩德　普勸諸人不掩藏

14 …

십홀의 선방[29]에서 한 심지 향 사르고
염주를 백팔 번 굴리며 정토 돌아갈 행장 차리네.
그 동안 살아온 사바세계는 내 살 곳 아니고
이제 가는 연화세계, 이 곧 나의 고향.
물은 고공[30]을 펴서 더러운 먼지 씻어 내고
바람은 보배 나무 맴돌아 생황 소리 울려 내네.
이 소식을 들려주는 사람 없더라도
홀로 머리 끄덕일 때 그 의미 유장해지네.

十笏禪房一炷香　珠輪百八整歸裝
向來忍界非吾土　此去蓮邦是故鄕
水演苦空除垢濁　風回寶樹咽笙簧
無人說與玆消息　獨點頭時意味長

15 …

세상에서의 반평생 이미 구할 것 없건만
홀로 구름 바위에 앉으니 일마다 그윽하네.
시렁에 천 개 궤짝, 불경 가득 쌓여 있고
훈향 화로 방안 가득 푸른 연기 떠다니네.
알 수 없어라. 극락세계 어느 때나 이르려나?
오늘도 여전히 사바세계에 머무네.
저 부처님의 깊고 깊은 자비의 원력은
나 지금 왕생하지 않으면 쉴 수가 없으시리.

半生於世已無求　獨坐雲岩事事幽
揷架千函黃卷富　薰爐一室碧烟浮
未知樂國何時到　且向娑婆此日留
彼佛深深悲願力　吾今不往不能休

16 …

정토 연화 대도량은
고통이란 하나 없고 즐거움은 끝이 없네.
못에서 핀 향연뿌리로 받침대를 나누고
하늘 비 만다라는 부처님[31]께 흩뿌리네.
역내에는 둥글게 금빛 세계 이루었고
미간에는 언제나 백호광이 빛나도다.
티끌 마음을 잠시라도 놓으면 곧바로 왕생하여
일미[32]인 제호[33]를 곧바로 맛보리라.

淨土蓮華大道場　全無衆苦樂無央
池生香藕分趺坐　天雨曼陁散法王
域內圓成金色界　眉間常燭白毫光
塵心暫放能超入　一味醍醐下口嘗

17 …

산은 지는 해 머금어 흐르는 놀 비추니
견주건대 서천 가는 하늘 길 멀지 않다네.
부처님은 네 마음[34]을 일으키니 모두 다 정토요
사람들은 천 개의 잎 따라 연꽃에 앉아 있네.
시방 세계 부처님[35] 모두 다 칭찬하고
아홉 무리 중생[36]들도 다 함께 경배하네.
타향에서 떠도는 아들에게 일러두나니
부모 근심 끼치지 말고 집으로 돌아가소.

山銜落日映流霞　比去西天路非賒
佛起四心皆淨土　人從千葉坐蓮華
十方善逝同稱讚　九類含生總拜嘉
爲報他鄉遊子道　毋勞慈念好還家

18 …

꽃빛은 네 가지 색으로 영롱하게 빛나는데
언제나 인천[37]을 위하여 돈오의 종지 설하신다.
몇 점의 소라머리는 육계[38]를 두르고
수레바퀴 같은 밝은 달은 부처님 얼굴 우러르네.
평평한 땅은 손바닥 같아 유리처럼 미끄럽고
과일은 매달린 병처럼 커서 보배 나무 무겁도다.
만약 생각 다해서 무념처에 이르면
생사를 초월하여 그 옛날 중봉[39]에게도 부끄럽지 않으리.

華光四色映玲瓏　常爲人天說頓宗
幾點青螺環肉髻　滿輪明月仰慈容
地平似掌琉璃滑　菓大如瓶寶樹重
若到念窮無念處　超生不愧古中峯

19 …

가는 길 그 누가 십만 리라 하였는가?
손가락 한 번 튕기는 사이에 생사 이미 초월한 걸.
늘 연꽃에 기대고 꽃 속에 앉으며
때로는 유리 같은 땅위를 걷는다네.
하늘 솟은 큰 누각은 천 가지로 장식하고
신선 새는 날개 퍼덕여 하루 종일[40] 노래하네.
이곳에 있는 갖가지 즐거움들
모두가 도를 향한 그대의 간절한 마음에 달려 있네.

行邁誰言十萬程　一彈指頃已超生
長依菡萏華中坐　或向琉璃地上行
傑閣凌空千種飾　仙禽鼓翼六時鳴
這間受用般般樂　總係當人切道情

20 …

천 권 경전 다 읽어도 이치 잘못 전하는 건
아직도 육신을 벗어나지 못했기 때문이라.
이 몸 감싸려 그릇되이 7조 장삼[41] 입었고
발 감싸려 헛되이 몇 켤레의 신을 해지게 했던가.
오욕[42]의 바다 가운데로 헛되이 골몰하여
작은 터럭 하나 속에 영원히 빠져 묻히도다.
이제부터 서방의 부처님 명호를 일과로 외우고
나의 소망 간직하며 남은 생애 보내리라.

讀盡千經理傳乖　只緣猶未外形骸
遮身枉被七條衲　衛足徒穿幾緉鞋
五欲海中空汩沒　一微塵裡久沉埋
從今課誦西方佛　斷送餘生長我懷

21 …

회오리바람 바다에 불어 하늘까지 파랑 일 때
바다 건너가려면 꼭 큰 법의 배에 의지해야 하리.
물결 속에서 허우적거리며 피안을 말하면
누가 장차 다시 돌아와 인원[43]을 말하리오.
누대에는 나무들 겹겹이 가려 있고
연못에는 맑은 연꽃 활짝 피어날 때
여기에 또 하나의 희유한 일 있으니
하루 종일 들리는 하늘 음악에 즐거움은 끝없어라.

黑風吹海浪滔天　欲渡須憑大法船
但以中流論彼岸　誰將後進說因圓
樓臺掩映重重樹　池沼離披濯濯蓮
更有一端希有事　六時空樂樂無邊

22 …

오탁[44]에 뒤섞이고 팔고[45]에 달여지며
중생들 헛되이 꼬리 끄느라 수고하네.[46]
곡량[47]의 마소는 봄의 꿈 다름없고
머리에 쓴 초선[48]은 저녁 연기 같아라.
태사공[49]의 문장은 헛되이 썩은 해골
왕우군[50]의 글씨 또한 헛되이 전하는 것.
어찌 붉고 흰 연꽃, 꽃 임금 자리에 앉아
수명이 무궁토록 즐거움이 자재함만 같으리.

五濁混淆八苦煎　衆生徒自尾勞牽
谷量牛馬同春夢　頭戴貂蟬似夕烟
太史文章空朽骨　右軍筆陣亦虛傳
豈如紅白花王座　壽劫無窮樂自然

23 …

아미타 부처님의 끝없는 큰 광명
항하사처럼 많은 불국토 성에 두루 비춘다.
팔공덕수의 연못엔 연꽃 향 퍼지고
일곱 겹 난간엔 나무들 가로세로 둘러서 있네.
좋은 옷 달콤한 음식 모두 뜻에 따라 나타나고
보배 전각 구슬 누대 저절로 생겨나네.
다만 원하노니 일심으로 정토에 태어나서
항상 부처님 맑은 음성 들을 수만 있다면.

彌陁無盡大光明　普照河沙佛國城
八德池披香菡萏　七重欄遶樹縱橫
美衣珍食皆隨意　寶殿珠臺自化成
但願一心生淨土　恒聆金口振金聲

24 …

내 듣기로 정토가 서방에 있어
금빛 미타님 수명의 겁이 길다네.
밤낮 여섯 때에 꽃비 상서로이 내리고
그물 비단은 천 가지 보배로 밝게 빛나네.
숲에는 염불하는 가릉빈가 날아다니고
바람 불면 수레바퀴 같은 연꽃이 향기를 풍겨 오네.
이치는 본래 생사가 없거늘 어찌 가고 옴이 있으리
그대가 돌아가고자 한다면 공연히 바빠지리라.

吾聞淨土在西方　金色彌陁壽劫長
晝夜六時花雨瑞　網羅千種寶明光
林飛念佛頻伽鳥　風動如輪菡萏香
理本無生安有往　君須歸去即奔忙

25 ···

문 잠그니 이 숲 속 지나갈 사람 그 누구리
늙은이는 가을 추위 겁내어 모포를 껴안았네.
불경을 일과로 외며 그치지 않으리라 다짐하니
아미타불 길게 부르는 수고로움을 어찌 사양하리.
돌아갈 때 곧바로 황금 세계 오르겠고
이르는 날 마땅히 백옥호[51]를 보리라.
칠보 나무 사이엔 보배 과일 매달려 있어
그 맛 참 진기한데 누가 감히 선도 복숭아에 비유하나.

杜門誰有過林皐　老怯秋寒擁毳袍
課誦眞經期不廢　長呼聖號肯辭勞
歸時正躡黃金界　到日應瞻白玉毫
七寶樹間懸寶菓　味珍誰敢比仙桃

26 …

해 지는 시냇가 마른 지팡이에 기대어 보니
저녁 산, 구름 밖엔 층층이 푸른빛.
악과 이익 탐내는 허명 찾는 무리[52]들아
그 누가 푸른 눈동자 가진 백발 스님 꾸짖으리.
다만 세존 무량수 부처님 계셔
능히 어두운 밤 크고 밝은 등불 되옵고
사십팔 가지 깊고 깊은 서원까지 있으니
우리들 어떻게 귀의하지 않겠는가.

落日溪邊倚瘦藤　暮山雲外碧層層
彼貪惡利浮名子　誰數靑瞳白髮僧
只有世尊無量壽　能爲昏夜大明燈
兼存六八深深願　我輩如何不可憑

27 …

창호에 새벽 빛 들어오니 달빛이 흐려지고
지빠귀 새 울음소리는 은자를 불러 깨우네.
앞서 깨달으신 아미타불을 감득하여 염불하고
또다시 대자대비하신 관세음보살 성호를 부르노라.
사바세계에서 부딪치는 일 모두 괴롭지만
청태국[53]은 도모하지 않아도 저절로 이루어진다네.
여러분에게 널리 권하노니 마땅히 힘을 내소
서방 정토에 곧바로 왕생하지 않으면 아니 되리.

紙窓侵曉月微明　喚起幽人百舌鳴
感念彌陀先佛聖　更稱觀世大悲名
娑婆觸事皆勞苦　淸泰無營自現成
普勸諸君須着力　西方不得不超生

28 …

서방 정토에 제일가는 대도사 계시니
온갖 고통 남음 없고 즐거움은 넘쳐나네.
보배 나무 영롱하니 맑은 그림자 흔들리고
부처님 상호 찬란하게 지혜 광명 펼치시네.
서방에 곧바로 왕생하면 사는 햇수가 머리터럭 같고
나눠 앉아 있는 연꽃은 크기가 수레 같네.
밝게 우러르고 향기롭게 닦아 마음 절로 간절한데
번뇌와 습기를 모두 제거하지 못해 도리어 부끄럽네.

西方第一導師居　衆苦無餘樂有餘
珠樹玲瓏淸影動　金身絢煥智光舒
超生壽筭多如髮　分坐蓮華大若車
景仰薰修心自切　却慚煩習未全除

29 …

태어난 지 육십 하고도 삼 년
헛되이 세월만 보내 잔설이 머리에 가득하네.
불자[54] 휘두르며 강론할 때 헛되이 혀를 놀렸고
게송[55]을 읊는 곳도 또한 선에 방해될 뿐.
푸른 넝쿨 안개 낀 달 그 누가 주인인가.
푸른 멧부리 운무 낀 시내 나 홀로 다 차지했네.
지금부터 이 가운데서 마음 고요히 머문 채
서방 가는 정토업 지극 정성 닦으리라.

吾生六十又三年　徒費光陰雪滿顚
揮麈講時虛掉舌　貫華吟處亦妨禪
綠蘿烟月誰爲主　碧嶂雲泉我自專
從此箇中心靜住　西歸淨業極精研

30 …

앞 시대엔 유뢰[56]요, 뒷시대엔 소동파[57] 있어
동림[58]에서 결사하고 서호[59]에서도 결사했네.
이름과 자취를 산수간에 부친 것만은 아니니
이때부터 연화도[60]의 진가가 달라졌네.
중국의 흥성한 일 참으로 부러워하다가
문득 동해에 좋은 안내도 없음 탄식하네.
저들은 조정과 귀한 벼슬자리를 가벼이 여기고
진실로 미타님을 앞길의 모범으로 삼았다네.

前有劉雷後宋蘇　東林結社又西湖
不唯名跡雲泉寄　自是蓮華道價殊
健羨中州爲盛事　却嗟東海乏良圖
彼輕黃閣朱門貴　信有彌陁作軌模

31 …

밤낮으로, 낮밤으로 다할 기약 없이
세월이 이 가운데 묵묵히 흘러가네.
주머니에 장생할 약 있다고 하더라도
거울 속 그것은 두 귀밑머리 터럭 같네.
세상일 무궁하니 어느 때나 마치겠나?
인생은 유한하니 어찌 시간 많으리오.
어서 속히 마음의 때 모두 다 씻어 내고
오직 우리 미타님을 백방으로 생각하소.

暮暮朝朝不盡期　年光暗向此間移
囊中縱有長生藥　鏡裡其如兩鬓絲
世事無窮何了日　人生有限幾多時
急須洗滌諸心垢　惟我彌陁百爾思

32 …

인간 세상 모든 일이 무상하여
절간으로 발길 돌려 스스로를 감추었네.
이미 공명 이뤘으나 달팽이 뿔[61]과 같고
세상 길 돌아보니 양의 창자보다 심하구려.
심정의 온갖 고통 모두 다 흩어지고
머리카락 천 갈래가 모두 다 눈발 서릿발.
서방세계에 계신 우리 본사 무량수 부처님께
나 이제 빨리 돌아갈 채비 갖추어야 되지 않겠는가.

人間萬事惣非常　投跡空門自掩藏
已把功名比蝸角　回看世路甚羊腸
心情一痛俱消散　鬢髮千莖盡雪霜
西有本師無量壽　我今遄不辦歸裝

33 …

숨어 사니 일 없어 돌 빗장 한가롭고
책상 위엔 한 권의 아미타경 놓여 있네.
누더기 옷은 정녕 구름같이 희어지고
사방 두른 유장한 산과 눈동자가 모두 다 푸르네.
한가로운 이름 스스로 비웃음은 사족에 불과하니
병들어 마른 학처럼 여윈 몸 그 누가 불쌍히 여기리.
다만 서쪽 돌아갈 마음 간절해지니
가는 길 멀고 가까움 수고로이 묻지 마소.

幽居寡事閑岩扃　案上彌陀一卷經
百結正將雲共白　四山長與眼俱青
閑名自笑蛇添足　病骨誰憐鶴瘦形
但可歸西心念切　不須勞問短長亭

34 …

마음 절로 편안하고 발자취도 자유롭게
장년에는 관북지방, 늘그막엔 남쪽 땅.
짚신에 등나무 지팡이 짚고 산수간에 노닐며
앉거나 거닐 때나, 봄이나 가을이나 경을 읊었소.
뜬세상 만 갈래 길 무슨 일을 이루었나
남은 생애에 밥 한 숟갈도 다시 구할 것 없다오.
주변 사람 웃지 마오, 나 성글고 쓸모없다고.
마음은 서방 가고 형체만 잠시 머물 뿐.

心自休休迹自由　壯年關北老南州
草鞋藤杖山兼水　坐誦行吟春復秋
浮世萬途成底事　殘生一飯更無求
傍人莫笑吾踈散　神往西方形暫留

35 …

푸른 넝쿨로 휘장 삼고 풀로는 옷 만들어
오랫동안 구름 산 머물러 고요히 기미를 쉬게 하네.
병든 몸은 오히려 몸이 누가 됨을 싫어하니
여생을 길이 세상과 어긋나게 살리라.
손으로 염주 돌리며 밤에는 안석에 기대고
앉아서 경 외울 땐 낮에도 사립문 닫노라네.
한번 왕생할 수 있으면 끝내 물러서지 않으리니
오호라 후대의 성현들 어찌 귀의치 않으리오.

綠蘿爲幌草爲衣　久住雲山靜息機
淹病尙嫌身是累　餘生永與世相違
手輪珠後宵憑几　坐誦經時晝掩扉
一得徃生終不退　嗚呼後聖盍歸依

36 …

평생 게으르고 못난이 나만한 이 없으리니
하물며 또 나이 늙어 대중과 함께 지낼 때랴.
재주 짧아 젊은 학인의 웃음거리 되고
병 깊어 친구 적어짐도 이상할 것 하나 없네.
수석간에 맑게 노닐어 티끌을 씻어 내고
산채 과일 느릿 따서 허기를 채운다네.[62]
부처님 명호 집지[63]하라는 가르침 있으니
먼저 온갖 번잡한 세상일 한번에 없애야 하리.

平生懶拙莫吾如　況復年衰與衆居
才短任從新學笑　病深無怪故人踈
淸遊水石堪塵擢　懶採林蔬果腹虛
佛有執持名號敎　先當萬務一蠲除

37 …

중생들은 명예와 이익 탐내어 앞다투어 부산하니
비린내 좇는 개미, 등불에 달라붙는 나방과 어찌 다르리오.
백척간두에서 경솔하게 활보하며
천 층의 파랑 속을 쪽배로 가는 꼴이로다.
장수와 요절[64]이 비록 다르나 끝내 누가 남아 있으며
범부와 범천[65]이 비록 다르나 죽기는 마찬가지네.
어찌 황금 하늘 참 부처님 나라에서
수명 한량없고 즐거움 끝없음만 같으랴.

衆貪聲利競奔忙　羶蟻燈蛾詎比方
百尺竿頭輕濶步　千層浪裡寄孤航
彭殤縱異終誰在　凡梵雖殊竟等亡
爭似金天眞佛國　壽爲無量樂無央

38 …

종래의 일천 성인은 본래 차이 없으니
모름지기 미타님이 곧 석가임을 믿을지라.
찰진[66] 세계가 정토와 예토로 나뉘는 것은
심성에 반연하여 삿됨에 치우침 있기 때문.
지나는 걸음걸음마다 황금의 땅이요
결가부좌 앉은 곳엔 첩첩이 흰 연꽃이라.
누구인가, 터벅터벅 가는 외로운 세속 나그네에게
일시에 이 영화를 받을 수 있다 말하는 이.

從來千聖本無差　須信彌阿即釋迦
聊以刹塵分淨穢　爲緣心性有偏邪
經行步步黃金土　趺坐重重白藕花
誰謂跉跰孤霞客　一時能受此榮華

39 …

극락을 어찌해 정토향이라 하였나
사람 마음과 땅이 모두 얼음서리 같다는 것.
대들보 지나자[67] 삼계를 뛰어넘었으니
예로부터 육방[68]에서 칭찬이 자자했네.
보배 나무는 본래 붉은 낙엽 날리는 일 없고,
신령한 꽃은 끝내 햇볕 의지 않도다.
옥루와 금빛 누각은 하늘 밖으로 솟아나고
채색 봉황과 신선 새는 나란히 날고 있네.

極樂何言淨土鄉　人心地而若氷霜
經莛已自超三界　稱讚從來有六方
寶樹本無飛赤葉　靈花終不待靑陽
玉樓金閣雲天外　彩鳳仚禽接翅翔

40 …

만일 스님들이 공부한 것을 다 말한다면
공부한 것이 오히려 병이 되리라.
좌망[69]하여 한낮을 보내지 못할지라도
마땅히 고상하게 청허를 지켜야 하리.
평생 쌓은 탐애의 정은 버리기 어렵고
여러 겁 윤회한 업은 제거하지 못하네.
일심으로 마침내 어지럽지 않은 경지를 얻으면
잠깐도 지나지 않아 극락에 노니리라.

如僧盡說做工夫　謂做工夫猶病諸
非是坐忘消白晝　亦應高尙守淸虛
積生貪愛情難遣　累劫輪廻業未除
倘得一心終不亂　斯須之頃往遊於

41 …

여래선과 조사선[70]은
펴면 손바닥이요 오므리면 주먹이라.
말씀에 곧바로 뛰어오름 있어야 진실한 가르침이요,
언어도단에 이르러야 곧 마음으로 전해지리.
생과 사 여의는 것은 둘 다 같은 길
낮다 높다 의론하는 것은 한쪽으로 치우친 것이라.
지난 세월 종문의 여러 노숙들
어깨 나란히 앞사람 발꿈치를 이어 사뿐사뿐 갔다네.

如來禪及祖師禪　開合仍分掌與拳
說有超升眞指示　到無言語卽心傳
離生脫死爲同軌　議下論高是一偏
往古宗門諸老宿　連肩接武逝翩翩

42 …

하나의 신령한 참된 본성은 갑자기 푹 꺼져 버려
삼제[71]가 나뉘자마자 고금의 구분 생겼다네.
업을 따라 육신 받으니 몸은 다시 업을 만들고
마음 따라 경계 일으키니 경계는 다시 마음 만드네.
윤회의 도르래는 이미 무수한 겁을 지났으니
계율과 선정 닦음에 어찌 촌음을 아끼리오.
이로 인해 석존께서 지름길 열어 주었으니
머리 붙은 불을 끄듯 번뇌 마음을 씻어야 하리.

一靈眞性忽平沉　三際纔分有古今
帶業受身身造業　從心起境境生心
轆轤已是經塵劫　戒定何曾惜寸陰
由此釋尊開經路　救頭然急滌煩襟

43 …

손에는 오직 등나무 지팡이 하나 짚고서
동서남북 사방으로 자유롭게 다니노라.
혜명이 실처럼 가는 것을 깊이 탄식하고
종문이 얼음처럼 차가움을 직시하노라.
세상 길은 험준하여 언덕이 골짝 됐고,
인심은 뒤바뀌어 애정이 미움 됐네.
어찌 연화국에 나아가
정성스럽게 부처님 말씀 일찍 따름만 같으리오.

手裡唯將一紫藤　東西南北任騰騰
深嗟惠命微如絲　正見宗門冷似氷
世道險巇陵變谷　人心翻覆愛還憎
豈如行詣蓮華國　惓惓金言早服膺

44 …

활짝 핀 꽃과 의계[72]로 아침 공양 드리옵고
식사 후 가볍게 거닐며 옥루에 기대니
구름 밖은 하루 종일 하늘 풍류 연주하고
못가엔 물새들 쌍쌍이 서서 노니네.
밝은 빛이 땅에 비추니 구슬이 항상 빛을 내고
비취빛이 허공에 닿으니 나무들 시들지 아니하네.
옛 노닐던 좋은 벗들 그곳에서 만난다면
나 혼자만 뒤늦게 온 것 비웃으리라.

盛花衣裓獻晨羞　飯後輕行倚玉樓
雲外六時天樂奏　池邊雙立水禽遊
明光燭地珠常曉　翠色連空樹不秋
邂逅舊遊諸勝友　笑余來暮謾遲留

45 …

집 떠나서 10만 8천여 리
자애로운 아버지의 아들 생각 너무 깊어라.[73]
어찌하여 오래도록 곤궁한 이슬 객이 되었다가
홀연 이제야 고향 소식 듣게 됐나.
보배 장식한 영락은 하늘과 땅 이어주고
금과 유리는 땅에 평평하게 펼쳐졌네.
지금 바로 돌아가서 안부 인사 드리려면
모름지기 마음 본성을 옥 누대처럼 맑게 해야 하리.

離家十萬八千程　慈父偏深念子情
何以久爲窮露客　忽然今聽故園聲
寶將瓔珞從天下　金與琉璃作地平
若欲即今歸定省　須教心性玉臺清

46 …

해진 누더기 입고 일정한 거처 아니 삼으니
경계가 공하고 마음 고요하여 흩날림 없어라.
반쯤 열린 창에 달빛 쏟아지니 또렷이 잠 오지 않고
평상에 바람 가벼이 부니 감흥은 남음 있네.
큰 꿈 꾸는 중생들 모두 깰 줄 모르고
이름 호명 막는 것을 나 또한 막기 어려워라.
예로부터 한량없는 생사 초월한 이들은
책 열고 보는 순간 다 스스로 일어난 사람이라.

破衲懸鶉不定居　境空心寂謝紛如
半窓月吐淸無寐　一榻風輕興有餘
大夢衆人渾未覺　閑名伊我亦難除
古來勿限超生者　開卷看時盡起子

47 …

석장 짚고 외로운 구름 좇아 고향에 돌아오니
지친 새는 돌아올 줄 안다고 말들 하네.[74]
염주 굴리고 염불 외며 고요한 밤 앉아 있고
안석에 기대어 조용히 한낮 한가로움 즐기네.
숲길 오랫동안 황폐해졌으니 그 누가 방문하리
사립문 앞 쓸지 않고 낮에도 항상 닫아 두네.
이 비록 진실로 아름다우나 내 땅 아니니
마침내 서방 이르면 부처님 얼굴 뵈오리라.

錫逐孤雲返故山　人言倦鳥已知還
輪珠誦念淸宵坐　隱几從容白日閑
林逕久荒誰肯訪　柴門却掃晝常關
此雖信美非吾土　竟到西方奉聖顔

48 …

항하사 세계 셀 수 없는 불국토 가운데
아미타 부처님[75]이 홀로 뛰어난 가르침 펴셨네.
바라보는 눈썹 밑엔 푸른 연꽃의 눈이요,
말하고 웃으니 구름 사이 흰 달 같은 얼굴이라.
맑은 소리는 기이한 새와 물가 학의 노래요
성중들과 하늘 용이 수행하여 따르네.
극구 찬양하는 입 그대는 아는가 모르는가.
낮밤으로 돌아갈 생각에 뜻은 만 겹이네.

沙界難量佛土中　彌陁善逝獨超宗
顧瞻眉底靑蓮目　語笑雲間白月容
雅韻異禽兼水鶴　隨從諸聖倂天龍
讚揚極口君知否　日夕歸思意萬重

49 …

만 구멍 살랑살랑[76] 지뢰[77] 울음 울 때
둥근 방석에 고요히 가사[78] 입고 앉아 있네.
압연과 실전[79]은 타올라 재를 이루고
검은 궤의 금문[80]을 붓끝 닳도록 베끼네.
골짜기로 구름을 헤아리니 지나친 부귀이고
보름달 밤에 물병 길으니 더욱 맑고 고상하여라.
암자에 거하는 참된 취미 비록 있다 해도
마음 돌이켜 큰 고요[81]를 꺾음엔 비하지 못하리라.

萬竅刁刁地籟號　團蒲靜坐着方袍
鴨烟實篆燒成燼　烏几金文寫禿毫
以谷量雲偏富貴　汲瓶盛月儘淸高
庵居眞趣雖然在　未許歸心折大刁

50 …

방호산[82] 높고 높아 신령한 연기 하늘에 닿고
그 가운데 연화 궁전 고즈넉이 숨어 있네.
구슬 뿜어내는 차가운 골짜기 물이 집을 두르고
푸른 옥 깎아낸 듯 개인 봉우리가 안석에 떨어지네.
나물과 향기로운 풀은 그윽한 향취 가득하고
겹겹의 골짜기 숲은 세상 소란 멀리 있네.
서방 돌아가는 참된 묘결이 없었다면
내 삶이 어찌 소요하는 즐거움 누릴 수 있으리오.

方壺峻極神烟霄　中有蓮宮隱寂寥
寒澗繞軒噴白玉　晴峯墮几削靑瑤
嬾蔬香蕈多幽趣　復峽重林隔市囂
不有西歸眞妙訣　吾生安得樂逍遙

51 …

구름 이는 산기슭에 법당을 새로 여니
솔숲 사이로 해 저물어도 문은 늘 닫혀 있네.
봉우리에서 부는 산바람은 시원히 자리에 스며들고
시내에 맴도는 흰 기운은 새벽 처마에 젖어드네.
늙어서 이미 절로 마음 게을러졌으니
객이 온들 어찌 웃으며 따뜻한 말 나눌까.
오직 정토에 돌아갈 뜻 가지고서
우직하게 우뚝 앉아 말을 잊고 앉아 있네.

新開梵宇倚雲根　日晏松間尙掩門
峰逼翠嵐晴入座　溪回白氣曉浸軒
老來已自神情倦　客到何能笑語溫
唯有淨那歸意在　憨憨兀兀坐忘言

52 …

시내 깊고 봉우리 높아 물과 구름 넉넉하니
예로부터 숲과 시내에 노니는 이는 시정을 멀리했다네.
고상한 선비 맞을 때만 곡차를 마시고
다담을 나눌 적엔 나아가 신선을 맞이했네.
경 외울 땐 꽃비가 대자리로 떨어지고
선정에서 나오면 하늘 향기 절에 가득 스며드네.
여기에서 만약 믿음과 원을 함께 갖춘다면
눈 깜짝할 새 연방[83]으로 곧바로 뛰어 왕생하리라.

溪深峯矗水雲饒　自古林泉遠市朝
許飮但容高士接　會茶時赴羽人邀
誦經華雨臨筵落　出定天香滿院飄
於此若兼存信願　蓮邦一瞬即能超

53 …

강호 바다에 떠 놀기 몇 해가 지났는가
헛된 수고하느라 짚신은 몇 켤레나 떨어졌는가.[84]
교의[85]를 환하게 변증하지 못하였으니
종승[86]을 어찌 감히 마음으로 전하리오.
산천과 세계는 어디로 흘러가나
이룬 공과 명성은 돌고 돌 뿐이네.
쯧쯧! 이 몸은 부질없이 늙어 가니
백련[87]에서 모름지기 왕생 인연 맺으리라.

浮游湖海許多年　芒履徒勞幾緉穿
敎義未能明辯析　宗乘安敢得心傳
山河世界歸何有　功業聲名付輾然
咄咄此身空老大　白蓮須結往生緣

54 …

강원과 선방이 모두 다 황량하여
맹인이 맹인 무리 인도하니 너무도 슬프도다.
병과 약을 분간 못해 헛되이 옛것만 지키고
원류를 다 잃고서 행적 찾기 바쁘도다.
토론은 마땅히 총림의 도반에 부쳐야 하고
염송은 모름지기 밤낮으로 바쁘게 권해야 하리.
선악은 문이 없고 오직 자신이 불러오는 것이니[88]
서방 돌아가는 행장 차리고 찧은 양식 모아 보세.

教筵禪席盡荒凉　盲引羣盲最可傷
病藥未分空守舊　源流俱失但尋行
討論宜付叢林伴　念誦須敎曉夜忙
善惡無門唯自召　西歸行色聚舂粮

55 …

본디 공문에선 이름 쓰지 아니하니
어찌 세상일에 좋아라 상관하리.
이미 황면[89]을 스승으로 삼았으니
반드시 단심 토해 정성을 보여야 하리.
평상이 고요할 때 솔바람 소리 가락 있고
사방 창 텅 빈 곳에 둥근 달 밝게 뜨네.
같은 인연으로 함께 연지회[90] 들어가니
당초의 정토 맹세 이미 맺은 것이라.

自是空門不用名　那將世事肯關情
旣親黃面爲師友　須吐丹心見悃誠
一榻靜時松韻細　四窓虛處月華明
同緣共入蓮池會　已結當初淨土盟

56 …

몇 해 전부터 익혀 왔으나 아직도 들떠 있고
먹물 옷 입었으나 뜻이 따르지 못한 것 부끄러워라.
고요에 나아가려 세상 피함도 오히려 망령이고
마음 지키려 경계 없앰도 또다른 허물일 뿐.
새소리 시냇물 소리 어찌 귀를 방해하리오.
흰 구름 푸른 산은 눈에 장애되지 않소.
구품연대에 분명히 운수가 있으니
고해에 자비의 배 띄우지 말기를.

年來串習尙囂浮　自愧披緇志未酬
就寂避喧猶是妄　存心除境亦爲尤
鳥聲溪舌何妨耳　雲白山靑不礙眸
九品蓮臺明有數　莫爲苦海泛慈舟

57 …

업의 인연 함께 만들고 과보도 함께 받으니
화택 중에 돌아가는 수레바퀴 신세 면하지 못하도다.
자애로운 아버지 창황히 자주 출입하시는데
생각 없는 아이들은 이리저리 희희낙락.[91]
바리 하나 부여잡고 세 벌 가사[92] 지닌 채
부평초나 잘린 쑥대처럼 떠돌아다니네.
어느 곳에 극락세계 있는가 묻는다면
황금 하늘 저 편의 흰 구름 속 허공이라.

業因同造報還同　未免綸輪火宅中
慈父蒼黃頻出入　癡兒嬉戲走西東
制持一鉢兼三事　漂泊浮萍與斷蓬
若問樂邦何處在　金天之外白雲空

58 …

세간에 어떤 일이 가장 탄식할 일인가
고해는 끝없는데 삶에는 끝이 있는 것.
부유하고 사치스런 귀한 이의 집을 보라
어찌 청빈낙도 즐기는 도인 집에 비교하리.
때맞춘 한 끼 식사는 오직 거친 현미밥
사시사철 세 벌 옷[93]은 오직 모시 삼베 옷.
마음이 깨끗하면 연화국토가 되리니
그대들이여 다시 삿된 어둠 뒤쫓는 일 없기를.

世間何事最堪嗟　苦海無涯生有涯
看取富奢公子宅　豈如淸樂道人家
中時一飯唯麁糲　四序三衣但苧麻
心淨即爲蓮國土　請君休更逐昏邪

59 …

얼마나 많은 선비들이 과거 급제 되었던가
하룻날의 화려한 명성이 사해를 기울이네.
호방 이어 용방[94]에도 그 이름 오르니
문관들과 무관들[95] 영화를 다투네.
집에 돌아가면 양친이 기뻐할 뿐만 아니라
이르는 곳마다 만인의 눈을 놀라게 하네.
득의는 잠시일 뿐, 썩은 풀과 한가지니
어찌 연화국의 진중한 즐거움과 같으리오.

幾多文武占科名　一日聲華四海傾
虎榜並隨龍榜出　儒林爭與羽林榮
還家不獨雙親喜　到處能令萬目驚
得意暫時同腐草　豈如蓮國樂非輕

60 …

세월은 느끼지 못하는 사이에 물 따라 흘러가니
인간세상 만 가지 일 모두 다 공이로다.
백 세의 뜬 삶은 아침 이슬과 닮아 있고,
천금의 큰 부귀도 조각구름과 한가지라.
두 서울의 문물은 안개 낀 풀밭[96]이요
육대의 번화함은 바람에 흔들리는 등불이라.
어찌 비교하리, 남도 없고 멸함도 없이
앉은 채 백 년 동안 참된 낙을 즐기는 것을.

年光暗逐水流東　萬事人間總是空
百歲浮生朝露似　千金豪貴片雲同
兩京文物烟迷草　六代繁華燭散風
何似無生亦無滅　坐享眞樂百年中

61 …

한 입으로 서강을 들이마시기 어려우나[97]
생각으로는 오히려 뱃속 가득히 담을 수 있다네.
석장 날릴 땐 비록 학 같았지만
발우 감추자 용의 항복 받지 못했네.[98]
참된 법에 도취된 마음으로 의혹의 그물 없애고
두 손 모은 높은 담론으로 오만한 기[99]를 꺾는다네.
연못 위의 백련은 끝내 물들지 않으니
이생에 저 피안을 넘으면 이름 짝할 자 없어라.

難將一口吸西江　素志猶能貯滿腔
錫杖飛時雖鶴近　鉢盂藏處未龍降
醉心眞法除疑網　拜手高論折慢幢
池上白蓮終不染　此生超彼號無雙

62 …

예순세 해를 이미 빠르게 달려왔으니
남은 생애는 몇 시나 남았는가.
흰옷이 늙은 개 되는 세상사[100] 말로 다하기 어렵고
달팽이 뿔 쉬파리 머리 같은 일[101] 누가 나와 상의하랴.
공자 안연이 즐거움 찾던 곳 향하지 않으니
누가 종이 먹을 따라서 꼬집는 말[102] 찾을까.
세간 일 하나하나 모두가 허망하니
홀로 아미타불 계셔 무리 중에 으뜸이네.

六十三年已駿犇　餘生能得幾時存
白衣蒼狗難堪說　蝸角蠅頭誰可論
不向孔顏尋樂處　誰從紙墨覓危言
世間一一皆虛妄　獨有彌陁衆所尊

63 ···

중추 절기에 대마루 앉으니
문득 동쪽 봉우리에 황금 동이가 솟아오르네.
풀벌레는 구슬피 울고 은하수는 희미해져
계수 그림자 흔들림에 옥 이슬 무성하네.
병골이라 찬 밤기운 견디지 못하고
괴로운 마음에 그리는 건 따뜻한 아침 온기.
원래 정토엔 추위 더위 없다 하니
하물며 근심의 시달림과 병의 뿌리 있으리오.

節届中秋坐竹軒　俄然東嶺涌金盆
草虫悽切銀河淡　桂影婆娑玉露繁
病骨不堪侵夜冷　苦心惟憶負朝暄
元來淨土無寒暑　況有憂煎與病根

64 …

절집 처마 가파르게 하늘로 솟아 있고
엉긴 등넝쿨 휘장이요 징검다리 돌다리라.
한가한 구름 암혈에서 나오니 흐릿하여 자취 없고
들판 학은 숲으로 돌아오니 손짓해 부를 필요 없네.
바위 여울에 비 내리니 패옥의 울림 있고
골짜기 솔바람 소리 풍류가락처럼 들리네.
아미타불 염송을 잠깐 마치고서
떠온 물로 차 달여 몇 모금 들이키네.

梵宇崢嶸近紫霄　緣蘿爲幌石爲橋
閑雲出岫渾無迹　野鶴歸林不用招
岩溜雨添鳴珮玦　壑松風颭聽鈞韶
彌陁念誦纔休罷　汲水煎茶飮數瓢

65 …

헛된 명성으로 한때 그르침 깊이 부끄러워
이제부턴 붓을 놓고 시 읊지 않으리라.
소매 가득 담은 감귤 배부르게 맛을 보며
쟁반 가득한 송이버섯은 이 땅의 토산품.
단풍잎 만 산에 드니 붉은 비단 펼쳐지고
두 물줄기 차갑게 흐르니 푸른 유리구슬이네.
산속 집 가을 추수 비록 큰 부자지만
극락세계 헤아릴 수 없는 즐거움에 어찌 비교하리.

深愧虛名誤一時　從今放筆廢吟詩
林柑滿袖饒風味　松蕈堆盤是土宜
霜葉萬峯紅錦繡　寒流雙澗碧琉璃
山家秋事雖偏富　敢較蓮邦樂不支

66 …

십만여 리 가는 길 티끌만큼도 떨어져 있지 않으니
어찌 범인 성인 따져 친소를 구분하리.
근본 있는 무위의 도를 행할 것이요
무상하고 유한한 몸 아끼지 마오.
등나무 달 대숲 소리 애오라지 흥을 부추기고
숲과 시냇가의 채소 있으니 가난하지 않다네.
항하사만큼 염불 다하도록 같은 이름 부르오니
문득 이들이 곧 연화국 사는 사람이라.

十萬餘程不隔塵　那將凡聖辨踈親
須行有本無爲道　莫愛無常有限身
蘿月竹風聊遣興　澗蔬林蔌未爲貧
恒沙念盡同名號　便是蓮華國裡人

67 …

극락세계 곳곳마다 누대 우뚝 솟아 있고
일만 호 일천 문이 차례차례 열리누나.
하늘 음악 허공에 가득하니 꽃이 난만히 피어 있고
신선 새들 나무에 모이니 눈이 펄펄 날리네.
하나의 둥근 거울 안에 티끌 한 점 없고
네 빛깔의 꽃 속에 성인의 태 의탁했으니
만약 마음 절실한 수행자 있으면
몇 걸음 가지 않아 여래를 보리라.

樂邦隨處起樓臺　萬戶千門次第開
天樂滿空華爛熳　仙禽集樹雪毰毸
一圓鏡裡無塵點　四色花中托聖胎
若有行人心念切　不離方寸見如來

68 …

요즘 사람들에게서 어찌 칭찬을 듣고자 하리
부질없이 문자로 세월만 허비하도다.
너의 말 입으로 비웃으니 남의 웃음 사게 되고
성현을 속이니 이 마음 부끄럽다.
몰골은 부질없이 늙어 감을 스스로 깨닫지만
그 누가 심한 병 가엾이 여겨 다시 찾아 주리오.
본사께서 서쪽 돌아가는 길 바로 가리켰으니
한 권의 아미타경 의취가 깊고 깊네.

肯向時人覔賞音　漫將文字費光陰
而言口笑供他笑　罔聖欺賢愧此心
自覺形骸空老大　誰怜衰病更侵尋
本師直指西歸路　一卷彌陁意趣深

69 …

봄 추위 매서워서 바위 빗장 닫아거니
종일토록 나그네 자취 전혀 없도다.
양쪽 귀밑머리는 공평한 도[103]따라 절로 희어졌는데,
두 눈동자 어찌 속인 위하여 푸르게 빛내리오.[104]
병치레에 두세 겹 옷 입으니 몸 수척해짐 알겠고
가는 곳 마음 깨끗하니 땅이 평평함 깨닫겠네.
함께 원하기는 중생들과 함께 정토에 나서
만 가지 하늘 음악 하루 종일 듣는 거네.

春寒斗峭閉岩扃　盡日渾無客子經
兩鬢自因公道白　雙眸肯爲俗人青
病餘衲重知身瘦　行處心淸覺地平
同願衆生生淨土　萬般天樂六時聽

70 …

예부터 온 세계는 괴로움이 많은 곳인데
게다가 또 광음이 한순간에 지난다네.
굴곡짐이 원래 물가의 대나무 성품 아니요
맑은 향기는 진실로 고갯마루 매화[105]로다.
텅 빈 숲 고요히 좌선하니 등넝쿨이 휘장 되고
고요한 밤 거닐 때에[106] 달이 마치 물결 같네.
잡념 단박에 사라져 무념의 경지 드러나면
한 걸음 들기도 전에 연화대에 앉으리라.

由來世界苦勞多　况復光陰一瞬耶
屈曲元非淇竹性　淸芬眞是嶺梅花
空林宴坐蘿爲幌　靜夜經行月似波
雜念頓除無念現　不曾擡步坐蓮華

71 …

맑고 그윽한 물과 바위 저절로 한기를 뿜으니
반점의 먼지티끌 어찌 가히 끼어들랴.
내 사는 공간이 세상일에 쫓기지 않으니
몸은 다시 마음과 어울려 편안하도다.
바윗가 오솔길은 푸른 대숲에 이어지고
비 갠 후 아지랑이는 푸른 산에 어리네.
아미타경 한 권을 앉아서 외우다가
멀리 보노라니 지는 해는 서쪽 봉우리에 걸려 있네.

淸幽水石自生寒　半點塵埃詎可干
人境未爲人事逼　此身還與此心安
岩邊細逕連蒼竹　雨後晴嵐捲碧山
坐誦彌陁經一卷　遙看落日掛西巒

72 …

머리 주변의 세월은 빠르기가 나는 것 같고
병약한 몸은 서슬하여 옷을 이기지 못하도다.
도를 배워도 이룬 것 없이 몸은 이미 늙었고
친구를 수없이 사귀었으나 뜻은 모두 어긋났네.
다만 눈을 가리려고 때때로 책을 펴고
다시 마음 잠재우려[107] 사립문 늘 닫아 두네.
백련화 핀 서방에 왕생한 후에야
지금 수행 옳고 예전 수행 그름을 알아차리네.[108]

頭邊歲月疾如飛　病骨稜稜不勝衣
學道未成身已老　交朋無幾志皆違
只圖遮眼時開卷　更爲灰心日掩扉
西有白蓮生後已　悔悟今是覺前非

73 …

요즘 사람들이 좋다 그르다 비교함을 괘념 않고
문 닫고 높이 누워 환향[109]을 염하노라.
배고프면 한 바리의 푸릇한 나물 식사요
잠 깬 후엔 석 잔의 자순향 그윽하여라.
교목에 비 내린 후 꾀꼬리 소리 미끈하고
텅 빈 처마 살랑 바람에 제비 바삐 날아드네.
어려서 집 나간[110] 아들 위해 깊이 탄식하노니
자애로운 아버지는 공의 가르침으로 나날이 기다리네.

不管時人較短長　杜門高臥念還鄉
飢來一鉢靑蔬飯　睡後三甌紫筍香
喬木雨餘鶯語滑　虛簷風細燕飛忙
深嗟弱喪爲逃子　慈父空敎日日望

74 …

병들어 수척한 몸뚱이는 학의 모양 비슷하고
절집 여가 세 벌 가사[111]에 두 궤짝의 경이네.[112]
솔 삼나무 빽빽한 그림자 높은 절집 둘러싸고
구름 안개 날리는 습기 작은 뜨락 젖어드네.
때로는 물같이 시원한 바람 방안 자리 흘러들고
때로는 창 넘어 들어오는 산달을 맞이하네.
염주 굴리고 묵좌하며 청태국[113]을 생각하니
오리 금동 향로에 향 타오르고 감로수는 정병에 가득하네.

病瘦身形似鶴形　衲餘三事兩函經
松杉密影籠高閣　雲霧飛陰落小庭
時有水風來几席　更邀山月入窓櫺
輪珠默坐思淸泰　金鴨香銷水滿瓶

75 …

누더기 가사에 다섯 번 꿰맨 바리
남은 생애 이밖에 다시 무엇이 필요하리.
개미가 맴도는 것 윤회인 줄 몰랐었고
망아지가 틈 지나가는 순간이 세월인 줄 깨닫지 못했네.[114]
천고의 모든 하늘 두 눈에 있건만
외로운 이 몸은 팔굉[115]에 매일 곳 없어라.
부용꽃은 황금 연못에 두렷이 피어나니
경각간에 뛰어올라야 진정한 장부라네.

百結霞衣五綴盂　餘生此外復何須
未知輪轉循環蟻　不覺光陰過隙駒
千古盡空雙眼在　八紘無繫一身孤
芙蓉正發金池上　頃刻超升是丈夫

76 …

인연 따라 곳 따라 스스로 편안하며

‘나무아미타불’ 염송하며 박산향로[116] 마주하네.

창에 비치는 저녁 햇살 물거울에 젖어들고

비 내린 후 푸른 봉우리에 푸른 연기 어울리네.

명언은 일천 게를 쓸 필요 없고

만물과 나는 끝내 팔환[117]으로 돌아가네.

고금의 모든 통달한 이를 보라

정토를 높이 찬양하여 우둔한 이 경책함을.

隨緣隨處自安閑　口誦南無對愽山

日晏窓明涵水鏡　雨餘峯翠理烟鬟

名言不用書千偈　物我終須付八還

看取古今諸達者　稱揚淨土策踈頑

77 …

자비로운 부처님의 지극하심 서방을 교화했고
큰 서원 크고 깊어 오묘하기 한량없네.
구품연화대에 손 드리워 접인하시니
일곱 겹의 보배 나무 겹겹마다 향기롭다.
두 눈동자는 이슬 씻긴 푸른 연꽃처럼 빛나고
얼굴은 구름 걷힌 달처럼 환하도다.
머리 들어 우러르며 두 손을 합장하면
소리의 가르침 의지하지 않고 참된 진리 깨닫네.

慈尊至化化西方　大願弘深玅莫量
九品華臺垂接引　七重琪樹列芬芳
雙眸露洗靑蓮色　一面雲開白月光
瞻仰頓頭兼合爪　不須聲敎悟眞常

78 …

인생 말로에 인정은 비단처럼 얇고
내 마음 알아줄 벗 만나기 어려우니 어찌 할꺼나.
학식은 병고에 누런 버들가지처럼 줄어들었고
귀밑털은 해마다 깊어져 백발이 성성하네.
빛나던 문장은 한때 이백 두보인 듯 추앙했으나
아양곡[118] 천 년에 다만 백아를 기약할 뿐.
이 마음 흐트러짐 없이 서방 귀의할 업을 닦노라
종일토록 산창에 앉아 가부좌 맺고 있네.

末路人情薄似紗　知音難遇奈如何
學因病苦黃楊縮　鬢爲年深白髮多
光焰一時推李杜　峩洋千載但期牙
此心不亂西歸業　盡日山窓坐結趺

79 …

물과 구름은 깊은 골짝에 느릿느릿 깃드는데
계곡 물 떠 마시고 솔잎 먹으며 또 한때를 보내노라.
만 축의 불경은 이미 섭렵하였는데
십 년의 오랜 지병은 너무 지루하구나.
시냇물 소리 밤에 들으니 옥 거문고 연주이고
맑게 갠 산 빛 보니 막힘없어 기이하네.
누가 알리오, 황금 하늘 해가 지는 그곳에
욕심 없이 누리는 참된 즐거움이 바로 무위인 것을.

水雲深洞寄栖遲　掬澗餐松且過時
萬軸葉經曾涉獵　十年身病已支離
泉聲夜聽瑤琴奏　山色晴看盡障奇
誰識金天日沒處　澹然眞樂是無爲

80 …

나무 끝의 절집은 푸른 바위 기대었고
태곳적 기이한 경치 티끌 세상과 떨어져 있네.
가을의 밝은 달 문득 창호를 엿보고
안개 그친 푸른 봉우리 절로 주렴에 스며드네.
강론 후 지신[119]은 골짜기로 돌아가고
선정 중에 천뢰[120]는 솔 삼나무 숲에 일렁거리네.
앉아서 극락국에 곧바로 왕생할 일 생각하노니
연꽃은 마땅히 네 가지 빛 겸하여 피어나리.

樹杪招提倚碧岩　從來異境隔塵凡
秋生皓月偏窺戶　霧罷蒼峰自透簾
講後地祇歸洞壑　定中天籟颭松杉
坐思樂國超生事　菡萏應開四色兼

81 …

세상의 번화한 일 한바탕의 헛된 꿈이니
숲속의 도반들 도 닦는 마음은 한가지라.
한퇴지가 이름 붙인 쌍조[121]를 실컷 보며
장자가 설한 두 함[122]의 책을 몇 번이나 읊조리네.
비 개어 청신함에 푸른 산빛 창에 떨어지고
늦저녁 이는 바람에 꽃 향기 책상을 치네.
하루 종일 연꽃 샘은 졸졸 울리니
동림의 혜원공[123]을 크게 우러러 사모하네.

世上繁華一夢空　林間結伴道心同
厭看韓子題雙鳥　音數莊生說二函
山翠摘窓新歇雨　花香撲榻晚生風
六時蓮漏丁東響　景仰東林惠遠公

82 …

서방을 염불함에 무료함을 달래는 것 무엇인가
봄날에 볼 만한 것 참으로 많구나.
햇살 비친 꽃 빛은 마치 볼이 취한 듯하고
아지랑이 낀 희미한 풀빛은 오솔길[124] 사라지게 하네.
바위 벌은 꽃술 먹고 장딴지 굵어지고
처마 제비는 집 짓느라 혀가[125] 더욱 풍요롭네.
사물을 볼 때 얽매임과 맺힘에서 벗어날 수 있다면
동쪽 서쪽 어느 곳에서든 소요하지 않으리오.

念西何物慰無聊　春事偏多觸目嬌
日暎花光欺醉頰　烟迷草色奪裙腰
岩蜂採蘂脾初重　梁燕營巢舌轉饒
觀物若能離係滯　東西何處不逍遙

83 …

온갖 새들 꽃 머금고 자취 남기지 않으니
그 의미를 여러 공들에게 물어보기 어렵도다.
나비는 꿈이 되어 마침내 허깨비로 돌아갔고
매미는 티끌 먼지 허물 벗어 사라져 버렸네.
흐르는 물 향기로운 차는 참된 도의 맛이어니
파란 하늘 밝은 달이 우리 절집 가풍이라.
선의 길 외에 다른 한 길 별도로 열어 보이니
조사마다 모두가 정토에 귀의하네.

百鳥啣花不見蹤　難將此意問諸公
蝶成魂夢終歸幻　蟬蛻塵埃亦掃空
活水香茶眞道味　靑霄白月是家風
別開一路禪乘外　祖祖皆歸淨土中

84 …

절집 모퉁이 바위에 천고의 물 흘러들 때
염송을 그치고서 솔숲을 바라보네.
물이 돌 평상을 맴도니 구름 항상 물기 머금고
봉우리가 경창[126]에 그늘 두르니 해는 벌써 지려 하네.
진한 향 스며드니 봄날은 고요하고
경쇠 소리 맑게 끊어지니 밤은 느릿 흘러가네.
명호를 집지하라는 석가모니의 말씀
모름지기 그 안에서 자세히 살펴보라.

梵宇隈岩古水攢　才休念誦對蒼宮
泉回石榻雲長濕　峯繞經窓日已殘
香注濃熏春寂寂　磬聲淸斷夜漫漫
執持名號迦文說　須向這中子細看

85 …

잎과 뿌리 씹어 먹는 담담한 이내 생애
처마 앞에서 때때로 아침 햇살 쪼인다.
그 누가 강하[127]에 기릴 맞수 없다 하였던가
스스로 유마 거사의 불이문[128]을 기뻐하노라.
바람이 돌계단에 불어 솔방울 떨어지고
비 온 뒤 이끼 낀 길에 죽순이 돋아나네.
부처님 명호 염하여 마침내 무념[129]에 이르면
경문을 손 가는 대로 뒤적일 필요도 없다네.

冷淡生涯咬葉根　前簷時復負朝暄
誰言江夏無雙譽　自喜維摩不二門
風過石壇松落子　雨餘苔徑竹生孫
念玆佛號終無念　不用金文信手飜

86 …

정토향은 만 겹의 관문 밖에 떨어져 있는데
물과 세월은 손가락 한 번 튕기는 사이에 흘러가네.
세상의 번화로움 어지럽기가 솜타래 같고
인간의 우환은 크기가 산과 같네.
원래 망령된 괴로움 없는데 누가 얻게 하였는가
본래 진상[130] 있으나 아직 더위 잡지 못하였네.
절대로 오랫동안 빈궁한 나그네 되지 말고
반드시 지친 새처럼 일찍 돌아와야 하리.

淨邦如隔萬重關　逝水流光指一彈
在世繁華紛似絮　人間憂患大如山
元無妄苦誰教得　本有眞常未可攀
切莫久爲窮露客　須同倦鳥早知還

87 …

바람은 골짜기 새와 화답하여 봄의 따스함 희롱하고
삼나무 계수나무 그늘 속에 낮에도 문을 닫고 있네.
소나무 대나무는 겨울에도 오히려 절개 있거늘
배나무 복숭아는 봄 다하자 스스로 말이 없네.
이승에는 차마 견디기 어려움 이미 알고서
비로소 서방에 세존 계심을 믿네.
이제부턴 모름지기 강설을 열지 않고
부처님 명호 부르며 아침저녁 지내리라.

風和谷鳥弄春暄　杉桂陰中晝掩門
松竹歲寒猶有節　李桃春盡自無言
已知斯界難堪忍　始信西方有世尊
從此不須開講說　單提佛號度朝昏

88 …

서방에 금선[131] 계셔 교화 인연을 여시니
시방삼세불 중에 으뜸이 되시도다.
48대원 널리 펴려는 은혜는 바다같이 깊고
티끌 모래[132]까지 입혀지는 덕은 하늘같이 넓어라.
금과 옥은 부귀를 위한 것은 아니니
대와 줄 풍류 어찌 즐거움 다하려 연주하겠나.[133]
돌아가는 길 가깝나 머나 번거로이 묻지 말게나
그대가 얼마나 빨리 선편을 잡느냐에 달려 있다네.

西有金仚啓化緣　十方三世最居先
願弘六八深如海　德被塵沙廣若天
金玉不將爲富貴　管弦那以極歡姸
歸程近遠休煩問　只在當人快着鞭

89 …

서방을 가리키는 가르침 그 이치 유독 길어
하늘 같은 공덕을 어이 다 헤아리리.
어둔 거리에서는 해와 달이 되셨고
고통의 바다에선 건네는 배가 되어 주셨네.
일곱 겹의 나무들은[134] 주위에 빙 둘러 있고
온갖 보배로 장식한 층층의 집들은 모두 빛을 낸다.
석존만이 이 길 열어 보이신 게 아니라
6방의 제불께서 모두 칭양하셨네.

指西之敎理偏長　功德如天豈可量
便向昏衢爲日月　還從苦海作舟航
七重行樹皆圍網　百寶層臺盡放光
非但釋尊開此路　六方諸佛共稱揚

90 …

아미타불 한 구절 암송하기 어렵지 않은데
어찌 몸 피곤하게 복잡한 것 배우려 하나.
인자하시어 널리 삼천대천세계에 가피 입혔으니
차례차례 반드시 16관[135]을 닦아야 하리.
법신의 진면목을 알아차리면
생사를 떠나지 않고 곧 열반에 이르리라.
간곡하게 영령한[136] 위해 알려 주노니
마음을 굳게 잡고 자세히 관찰하소.

一句彌陁誦未難　勞身何用學多端
仁慈普被三千界　次第要修十六觀
薦取法身眞面目　不離生死卽泥洹
殷勤爲報英靈漢　緊把心頭仔細看

91 …

정토의 세 경전[137]은 석존께서 펼치셨고
진역[138]의 가르침은 백련에서 비롯되었네.
혜지 혜원 형제는 상수가 되고
유유민 뇌차종 등 동참인은 모두 뛰어난 현인들.
도연명[139]은 눈썹을 찌푸리고 가버렸지만
야사[140]가 앞장서서 팔을 이끌었네.
이로부터 면면히 전법의 자취 이어져
해동의 나라에도 흘러 흘러 전하였네.

三經淨土釋尊宣　震域權輿自白蓮
持遠弟兄爲上首　劉雷賓客總英賢
縱饒陶令攢眉去　抑復耶奢引臂前
從此繩繩聯軌躅　海東之國亦流傳

92 …

서방에 귀의하는 정진 오래 미루지 말지니
저 성인이 사바세계와 가장 큰 인연 있네.
흰 옥호의 빛이 흘러 끝없이 퍼져 나오고
자금빛 상호도 비춤이 끝이 없네.
묘법을 들어 마음의 때 벗겨서
다시 미혹한 정을 애욕의 얽힘에서 구해야 하리.
한 번 정수리 어루만져 친히 수기 주시면
삼명과 사변[141]이 자연 원만해지리.

西歸精進莫淹延　彼聖娑婆最有緣
白玉毫光流不盡　紫金身相映無邊
得聞妙法除心垢　更救迷情出愛纏
一被頂摩親授記　三明四辯自然圓

93 …

낙토에 곧바로 왕생하려면 믿음의 힘 견고해야 할지니
더욱 더 심계[142]를 지킴이 급선무일지라.
도솔천의 복락은 논하지 말지니
누가 봉래산 신선을 헤아리는가.
금과 옥으로 만든 궁전 모두 다 널찍하고
좋은 옷 맛난 음식 두루 두루 넉넉하네.
그대에게 당부하노니 또한 더디 돌아가지 말기를.
한번 의성[143]에 떨어지면 500년이 지나가리라.

樂土超生信力堅　更將心戒急爲先
勿論兜率天宮福　誰數蓬萊羽化仙
金殿玉臺皆廣博　銖衣美饌悉周圓
報若且莫遲歸去　一墮疑城五百年

94 …

극락이라 하신 이름 중생들 흠모하고
따라오던 팔고도 침입하지 못하였네.
원왕생 십념을 겨우 마쳤을 뿐인데
접인하는 현인들 즉시 임하였도다.
가부좌한 자리마다 모두 다 흰 연꽃이요
다니는 곳은 황금 땅 아닌 곳 없네.
이와 같은 갖가지 희유하고 기이한 일
모두가 그대의 수긍하는 마음가짐에 달려 있네.

極樂爲名衆所欽　從來八苦不能侵
願生十念才能了　接引羣賢即已臨
趺坐有華皆白藕　經行無地不黃金
若斯種種希奇事　摠在當人辦肯心

95 …

부처님 계시는 서쪽 불국토여
그 누가 쾌락을 하늘 궁전에 비교하리.
길이 사는 수겁을 셈하기 어려우니
재산 재물 누리는 복 누가 능히 다 세리오.
누대와 전각에 빛이 있어 해와 달을 머금으니
물들임 없이 깨끗한 연꽃은 청색 홍색 뒤섞였네.
범부도 이곳에 이르면 모두 부처가 되어
훌륭한 과보를 원만히 이루나니 어찌 힘을 들이리오.

佛國㕓西佛在中　誰將快樂較天宮
長生壽刼殊難筭　享福資財詎可窮
臺殿有光含日月　芙蕖不染間青紅
凡夫到此皆成佛　大果圓成豈用功

96 …

범부를 뛰어넘어 한 길로 곧장 서방으로 돌아가는
이 같은 지름길 미혹한 이들에게 가리키네.
법의 맛 누가 능히 맛볼 수 있을까
사람으로 태어나 이미 지난날의 덫을 잊었노라.[144]
누대의 옥 나무들 겹겹이 둘려 있고
오묘한 소리 내는 가릉빈가 울음을 우는구나.
천 가지를 수용하여 모두 다 풍족하니
어찌 거친 밥[145]과 절인 채소가 필요하겠나.

超凡一路直歸西　徑捷如斯是指迷
法味誰能將染指　人生吾已早忘蹄
樓臺玉樹重重繞　妙響頻伽命命啼
受用千般皆具足　那須脫粟與黃虀

97 …

서쪽 하늘에 부처님 계시니 그 이름 아미타라
널리 미혹한 무리를 건지시어 애욕의 강[146] 건네시네.
얼굴의 옥호광은 진짜 백옥이요
한 벌 옷 색깔은 푸른 넝쿨빛.
보배 나무에 바람 이니 온갖 음악 울려 나고
황금 연못에 향내 퍼지니 무성한 연꽃 핀다.
세상 사람들에게 받들어 권하노니 예념에 힘을 써서
이생에서 꼭 도달하여 어긋나지 않기를.

西乾有佛號彌陁　普濟羣迷出愛河
半面毫光眞白玉　一條衣色是靑蘿
風鳴寶樹千般樂　香散金池百葉花
奉勸世人勤禮念　此生須到莫蹉跎

98 …

황금빛 위대한 불국토가 바로 연화국이라
간절하게 가리켜 보이신 석가모니께 감사드리네.
온갖 보배로 장식하니 너무도 부귀롭고
하늘의 음악도 역시나 호화롭네.
도착할 때 처음엔 푸른 눈동자[147] 눈길 받고
설법하는 곳에선 거듭 옥수로 어루만져 주시네.[148]
48대원 깊어 구품을 열어 보이시니
세상 사람들 어찌 앞 다투어 달려가지 않으리오.

金大佛國是蓮花　指示殷懃謝釋迦
百寶莊嚴偏富貴　諸天音樂亦豪華
到時初得靑眸眄　說處重承玉手摩
六八願深開九品　世人胡不兢犇波

99 …

동림의 혜원 노사 처음으로 종지를 여니
혜예[149]와 담선[150] 모두 용의 무리들이네.
삼소[151] 옛 이야기는 이미 좋은 일로 전하는데
하루 여섯 때 누가 다시 높은 자취를 이으려나.
관문을 꿰뚫는 여러 조사들 모두 마음으로 따르는데
결사한 여러 공들 어찌 겉으로만 따르리오.
앞뒤의 성현들 그 길은 하나이니
청컨대 큰 거울[152]을 보고 게으름을 채찍질하라.

東林遠老肇開宗　惠叡曇詵盡衆龍
三笑已能傳好事　六時誰復躡高蹤
透關諸祖皆膺服　結社群公豈面從
前後聖賢其揆一　請看殷鑒策踈慵

100 …

성인은 자금빛 몸으로 안양에 계시며
상호는 단엄하여 견줄 무리 없도다.
천 종의 보배 빛이 섞이어 어둡지 않고
하루 종일 꽃비 내려 언제나 봄이로다.
남녀와 노소도 분별하지 않는데
어찌 존비와 부귀를 가리겠는가.
재삼 다짐하노니[153] 정녕코 다른 교설 없어라!
'아미타불' 한 구절이 왕생하는 인연되네.

聖凥安養紫金身　相好端嚴絶等倫
千種寶光渾不夜　六時花雨是長春
休論老幼并男女　豈揀尊卑與富貧
三復丁寧無別說　彌陁一句往生因

대정大正 15년(1926년) 병인丙寅 여름,
본사의 강성천康性天 스님에게 태안사泰安寺 양영월梁映月 화상의 장판본을
등사하게 하다.
기산자綺山子 쓰다.[154]

1 죽어도 썩지 않는다(死而不朽) : 몸은 죽어도 업적은 길이 남아 전하는 것. 『춘추좌전春秋左傳』 양공襄公 24년조에 "목숙穆叔이 진나라에 가니 범선자范宣子가 맞이하여 묻기를 '옛사람의 말에 죽어도 썩지 않는다는 말은 무슨 뜻입니까?'……목숙이 답하기를 '내가 듣건대 최상은 덕을 세우는 것이요, 그 다음은 공을 세우는 것이요, 그 다음은 말을 남겨 놓는 것인데, 이 세 등급의 사람은 죽은 지가 오래되어도 없어지지 않는 것이니 이것을 썩지 않는다고 하는 것이오.' 穆叔如晉 范宣子逆之 問焉曰 古人有言曰 死而不朽 何謂也 …… 穆叔曰 豹聞之 大上有立德 其次有立功 其次有立言 雖久不廢 此之謂不朽"라고 하였다.

2 호계虎溪의 웃음 : 호계삼소虎溪三笑의 고사. 여산廬山의 혜원(慧遠 : 335~417년. 중국 동진 때 스님)은 일찍이 30년 동안이나 산문 밖으로 나가는 호계의 다리를 건너지 않은 채 굳은 마음으로 염불결사를 하였다. 그런데 하루는 옛 친구인 도연명陶淵明과 육수정陸修靜의 방문을 받고 두 사람이 돌아갈 때에 이들을 전송하면서 그만 호계의 다리를 지나가고 말았다. 혜원은 이 일을 두 벗에게 말하고 세 사람이 손뼉을 치면서 크게 웃었다고 한다. 이것을 세상에서 호계삼소라 하는데, 종교가 다른 이들 사이의 경계 없는 화합과 만남을 의미하는 것으로 통용된다.

3 학 발자국의 어지러움(水鶴之紛) : 학의 발자국이 물가 여기저기 산만하게 찍혀 있는 상황을 말한다. 배우는 이들에게 정토교의 종지를 제시하는 지침서가 없는 상황을 가리키는 비유로 보인다.

4 어로불변(魚魯之件) : 어魚자와 노魯자를 구별하지 못한다는 뜻으로 아주 무식함을 비유한 말이다.

5 등각等覺 : ① 바르고 원만한 부처의 깨달음. ② 부처의 깨달음과 거의

같은 깨달음. 보살의 수행 과정 가운데 십지十地 다음의 단계. 바르고 원만한 부처의 깨달음인 묘각妙覺의 앞 단계.

6 무량계無量界 : 아미타불의 진실한 보토報土. 48원 가운데 광명 무량하기를 서원한 본원에 응하여 성취한 정토. 이 정토는 한량없는 광명이 가득 찬 국토라는 뜻에서 이름한 것이다. 피안彼岸과 같은 의미다.

7 화서華胥 ~ 건덕建德 : 모두 고대 우언寓言 속에 나오는 이상향. 화서는 『열자列子』「황제黃帝」에 "황제黃帝가 낮잠이 들어 꿈속에서 화서씨華胥氏 나라에 가 놀았다. 그 나라는 우두머리가 없이 자연 그대로일 뿐이고 그 백성은 욕심이 없이 자연 그대로일 뿐이었다."라고 하였고, 건덕은 『장자莊子』「산목山木」에 "남월南越에 한 고을이 있는데 그 이름은 건덕국이다. 그곳의 백성은 어리석으면서 소박하고 사사로운 욕심이 적으며 생산할 줄만 알고 저장할 줄은 모른다."라고 하였다. 『한국불교전서』 원문에는 '算胥'로 되어 있으나 '華胥'로 정정하여 해석한다.

8 옛것일수록 고귀하게 여기고 요즘 것일수록 천시하는 것을 '귀고천금貴古淺今'이라 한다. 본문의 '不淺今'은 이에 따라 스승을 위하는 정성이 옛날보다 못하지 않음을 말하는 것으로 해석된다.

9 금색계金色界 : 아미타불이 상주하는 극락세계. 아미타불이 법장 비구法藏比丘였을 때 세운 사십팔원四十八願의 '실개금색원悉皆金色願'은 정토의 중생을 차별 없이 모두 황금색으로 하겠다는 맹세다. 16관觀 중 제13관(잡상관雜想觀)은 극락에는 1장丈 6척尺 되는 불상이 연못 위에 있다고 생각하고, 아미타불은 신통력으로 큰 몸이나 작은 몸으로 나타나는데 그 몸은 모두 금색이라고 생각하는 것이다.

10 작품의 일련번호는 번역상의 필요에 의해 역자가 붙인 것이다.

11 『시경』「소아」〈대동〉에 "주나라 길은 숫돌처럼 평평하고 곧기가 화살 같네. 周道如砥 其直如矢"라는 표현이 있다.

12 원문의 '田田'은 ① 의성어 ② 연잎이 무성한 모양 ③ 연잎 ④ 신선하고 깨끗한 모양 ⑤ 농욱濃郁한 모양 등의 의미를 지니고 있다. 여기서는

'무성하게'로 해석한다.

13 십념十念 : 세 가지 의미가 있다. ① 염불念佛 · 염법念法 · 염중念衆 · 염계念戒 · 염시念施 · 염천念天 · 염휴식念休息 · 염안반念安般 · 염신念身 · 염사念死. ② 입으로 "나무아미타불" 하고 열 번 일컫는 것. 이는 5역죄逆罪를 지은 이라도, 죽을 때에 선지식의 가르침을 따라 지성으로 "나무아미타불"을 열 번만 부르면 극락세계에 가서 난다는 말로 『관무량수경觀無量壽經』 하품하생에 근거를 둔다. ③ "청정법신비로자나불" 등 10불보살 명호를 외우는 것.

참고로 백암 성총의 『정토보서淨土寶書』에 등장하는 십념과 관련된 내용은 다음과 같다.

㉠ (문)정토에 왕생하는 데 일념一念이 옳습니까, 십념十念이 옳습니까.

(답)오로지 일념으로 왕생하여 물러나지 않는 지위(不退地)에 머문다면 일념이 옳은 것이다. (중략) 『관무량수경』에서 말하는 십념은 대개 병들고 야윈 사람, 힘이 약하고 마음이 여린 사람을 위한 것이므로 아미타불을 열 번 불러 그 염念을 도와준 것이다. 만약 마음이 건강하고 어둡지 않은 사람이라면 일념으로 왕생한다. 이 또한 마치 머리카락 같은 가는 묘목이 백 아름이나 되는 큰 나무로 자라는 것과 같다(辨一念往生).

㉡ 당唐 정원貞元 연간(785~805년)에 하동河東의 배裵 씨는 앵무새를 길렀는데, 그 새는 항상 염불하며 정오가 넘으면 먹지 않았다. 임종할 때 십념十念을 하고 숨이 끊어졌다.

본 가요의 94구에도 "원왕생 십념을 겨우 마쳤을 뿐인데 접인하는 현인들 즉시 임하였도다. 願生十念才能了 接引羣賢卽已臨"라고 하였다. 이런 맥락에서 「정토찬」의 '십념'은 "열 번의 염불"이며, 문맥상 십념에 힘쓸 것을 권하는 것으로 해석된다.

14 여덟 가지 고통(八苦) : 중생이 겪는 여덟 가지 괴로움. ① 이 세상에 태어나는 괴로움(生苦). ② 늙어 가는 괴로움(老苦). ③ 병으로 겪는

괴로움(病苦). ④ 죽어야 하는 괴로움(死苦). ⑤ 사랑하는 사람과 헤어져야 하는 괴로움(愛別離苦). ⑥ 미워하는 사람과 만나거나 살아야 하는 괴로움(怨憎會苦). ⑦ 구하여도 얻지 못하는 괴로움(求不得苦). ⑧ 색色 · 수受 · 상想 · 행行 · 식識의 오음五陰에 탐욕과 집착이 번성하므로 겪는 괴로움(五盛陰苦).

15 위요圍繞 : ① 부처나 탑 등에 경의를 표할 때, 자신의 오른쪽을 그 대상으로 향하게 하여 도는 예법. ② 주위를 둘러쌈. 에워쌈.

16 십신十身의 상호 : 부처님의 훌륭한 용모를 가리킨다. 십신은 불 · 보살의 몸을 그 공덕에 의하여 10종으로 나눈 것이다. 상호相好는 용모나 형상인데, 상相은 몸에 드러나게 잘 생긴 부분, 호好는 상相 중의 세상細相에 대하여 말한다. 이 상호가 모두 완전하여 하나도 모자람이 없는 것을 불신佛身이라 한다.

17 업연業緣 : 선업은 낙과樂果의 인연을 부르고, 악업은 고과苦果의 인연을 부르며, 일체의 유정이 모두 업연에 의하여 생긴다고 한다.

18 극락도사 : 극락의 주재자인 아미타불을 가리킨다.

19 순일한 양기(純陽) : 원기가 충만한 상태.

20 청음晴陰 : 개고 흐림. '청음'이 없다는 것은 언제나 쾌청한 날씨라는 의미.

21 가릉빈가迦陵頻伽 : ⓢkalaviṅka의 음사. 묘음조妙音鳥 · 애란哀鸞이라 번역. 머리와 팔은 사람의 모습이고 몸은 새의 모습을 한 상상의 새로서, 극락정토에 있으며 소리가 매우 아름답다고 한다. 극락조極樂鳥라고도 한다.

22 해조음海潮音 : 소리가 큰 것을 조수에 비유한 것이다. 또 해조는 무념無念이지만 때를 어기지 않는 것처럼, 부처님이 대비大悲하신 말소리가 때를 따르고 근기에 맞추어 설법하심을 말한 것이다.

23 침몰하지(陸沈) : 평침平沈. 멀쩡한 데서 갑자기 아래로 푹 꺼지는 상태.

24 무생곡無生曲 : 무생무멸곡無生無滅曲의 줄임말. 모든 법의 실상은

생멸이 없음을 노래한 것이다.

25 성문聲聞 : Ⓢśrāvaka Ⓟsāvaka 부처님의 가르침을 듣고 깨달음을 구하는 수행자. 부처님의 가르침을 듣고 아라한阿羅漢의 경지에 이르기 위해 수행하는 자. 자신의 깨달음만을 위해 부처님의 가르침에 따라 수행하는 자.

26 8해탈 : 여덟 가지의 해탈. ① 내유색상관외색해탈內有色想觀外色解脫. 안으로 색욕色欲을 탐하는 생각이 있으므로, 이 탐심을 없애기 위하여 밖의 부정인 퍼렇게 어혈든 빛 등을 관하여 탐심을 일어나지 못하게 하는 것. ② 내무색상관외색해탈內無色想觀外色解脫. 안으로 색욕을 탐내는 생각은 이미 없어졌으나, 이것을 더욱 굳게 하기 위하여 밖의 부정인 퍼렇게 어혈든 빛 등을 관하여 탐심을 다시 일으키지 않게 하는 것. ③ 정해탈신작증구족주淨解脫身作證具足住. 깨끗한 색을 관하여 탐심을 일으키지 못하게 함을 정해탈淨解脫이라 하며, 이 정해탈을 몸안에 완전하고 원만하게 증득하여 정定에 들어 있음을 신작증구족주라 함. ④ 공무변처해탈空無邊處解脫. ⑤ 식무변처해탈識無邊處解脫. ⑥ 무소유처해탈無所有處解脫. ⑦ 비상비비상처해탈非想非非想處解脫. 이 넷은 각각 능히 그 아랫자리의 탐심을 버리므로 해탈이라 한다. ⑧ 멸수상정해탈신작증구족주滅受想定解脫身作證具足住. 이것은 멸진정滅盡定이니, 멸진정은 수受·상想 등의 마음을 싫어하여 길이 무심無心에 머무르므로 해탈이라 한다.

27 3명三明 : 아라한의 지혜에 갖추어져 있는 자재하고 묘한 작용을 말한다. 지혜가 분명히 눈 앞의 경계를 아는 것을 명明이라 한다. ① 자기와 남의 지난 세상에 생활하던 상태를 아는 것. ② 자기나 다른 이의 다음 세상의 생활상태를 아는 것. ③ 지금 세상의 고통을 알아 번뇌를 끊는 지혜.

28 『한국불교전서』 원문의 '却'을 '刼'으로 교감하여 해석한다.

29 십홀十笏의 선방 : 열 개의 홀笏만한 작은 방으로 방장方丈이나 방장실을 가리킨다.

30 고공苦空 : 유루有漏의 과보果報인 고제苦諦의 4행상行相(苦 · 空 · 無常 · 無我) 중의 두 가지. 유루의 과보는 삼고三苦 팔고八苦의 성질을 지니고 있기 때문에 고苦라 부른다. 남과 여, 같고 다름 등이 모두 인연 따라 생멸하고 고정불변의 실상이 없기 때문에 공空이라 부른다. 『관무량수경』에는 극락에서 깨끗하고 시원한 바람이 불면 악기 소리가 들리는데, 이 소리가 고 · 공 · 무상 · 무아의 진리를 설한다고 하며, 이와 같이 생각하여 관하는 법을 수상관水想觀이라 하였다.

31 부처님(法王) : 법왕은 부처님을 찬탄하는 말이며, 왕은 가장 수승하고 자재하다는 뜻이다. 부처님은 법문의 주인이며, 중생을 교화함에 자유자재한 묘용妙用이 있으므로 이렇게 이름한다.

32 일미一味 : 부처님은 매우 다양한 교설을 설하셨지만 그 뜻은 하나의 맛이라는 의미다. 최고의, 최상의 상태를 가리키는 수식어로도 쓰인다.

33 제호醍醐 : 우유를 가공한 식품 가운데 가장 맛이 좋은 최상품. 주로 최상 · 불성 · 열반 등을 비유한다. 이 시에서는 순일무잡한 깨달음의 경지를 말하고 있다.

34 네 마음(四心) : 여러 가지 의미가 있다. ① 자慈 · 비悲 · 희喜 · 사捨의 4무량심四無量心. ② 지혜심智慧心 · 방편심方便心 · 무장심無障心 · 승진심勝眞心. 이 네 가지 청정한 공덕을 얻으면 5념문念門의 행을 완료하여 정토에 태어난다고 한다.

35 부처님(善逝) : 부처님 열 가지 이름의 하나로 수가타須伽陀라 음역하며. 호거好去 · 묘왕妙往이라고도 번역한다. 인因으로부터 과果에 가기를 잘하여 돌아오지 않는다는 뜻이다. 부처님은 여실히 저 언덕에 가서 다시 생사해生死海에 빠지지 않기 때문에 이렇게 이름하는 것이다.

36 아홉 무리(九類) 중생(含生) : 구류생九類生. 과거에 지은 선 · 악의 행위에 따라 생生을 받는데 아홉 가지다. 태생胎生 · 난생卵生 · 습생濕生 · 화생化生 · 유색有色 · 무색無色 · 유상有想 · 무상無想 · 비유상비무상非有想非無想 등이다.

37 인천人天 : 인간계와 천상계의 중생을 말한다.

38 육계肉髻 : 불정佛頂 · 정계頂髻라 번역한다. 부처님의 32상相 중의 무견정상無見頂相. 부처님의 정수리에 솟은 상투 모양의 살덩이를 말한다.

39 중봉中峰 : 중국 원나라 스님(1263~1323년). 이름은 명본明本, 속성은 손씨. 항주 전당 사람. 어려서 출가하여 사관死關에서 고봉원묘高峰原妙를 찾아 심요心要를 묻고, 『금강경』을 읽었다. 뒤에 샘물이 흘러나오는 것을 보고 활연히 깨쳤다. 고봉의 법을 받고는 일정하게 있는 곳 없이 배(船) 가운데서 있기도 하고 암자에서 거주하기도 하였다. 임제종의 승려였지만 염불 수행을 권장하였다.

40 하루 종일(六時) : 하루를 낮 3시, 밤 3시로 구분한다. 따라서 '육시'는 밤낮, 온종일의 의미를 지닌다.

41 7조 장삼七條長衫 : 직사각형의 천 조각들을 세로로 나란히 꿰맨 것이 1조條인데, 7조를 가로로 나란히 꿰맨 옷.

42 오욕五欲 : 색성향미촉色聲香味觸의 오경五境. 욕구의 대상. 욕망의 근원.

43 인원因圓 : 인이 원만해지는 것. 인원과만因圓果滿에서 인因은 수행을 닦는 과정이고, 과果는 얻는 것이다. 즉 불도 수행을 원만히 완성하여 부처를 이룬 것을 말한다.

44 오탁五濁 : 나쁜 세상에 대한 다섯 가지의 더러움을 말한다. ① 겁탁劫濁. 사람의 수명이 차례로 감하여 30 · 20 · 10세가 됨에 따라, 각기 기근饑饉 · 질병疾病 · 전쟁戰爭이 일어나 흐려짐에 따라 입는 재액. ② 견탁見濁. 말법末法시대에 이르러 사견邪見 · 사법邪法이 다투어 일어나 부정한 사상의 탁함이 넘쳐 흐름. ③ 번뇌탁煩惱濁. 또는 혹탁惑濁. 사람의 마음이 번뇌에 가득하여 흐려짐. ④ 중생탁衆生濁. 또는 유정탁有情濁. 사람이 악한 행위를 하여 인륜 도덕을 돌아보지 않고, 나쁜 결과를 두려워하지 않는 것. ⑤ 명탁命濁. 또는 수탁壽濁. 인간의 수명이 차례로 단축되는 것.

45 팔고八苦 : 주 14 참조.

46 『장자』「추수」에 다음과 같은 이야기가 전한다. "장자가 복수에서 낚시를 하는데 초나라 위왕이 대부 두 사람을 먼저 보내 전했다. '삼가 우리나라에 모시기를 원합니다.' 장자는 낚싯대를 잡은 채 뒤도 돌아보지 않고 말했다. '내가 들건대 그대 초나라에는 죽은 지 삼천년이 지난 신령스런 거북이 있는데 왕께서 수건에 싸서 상자에 넣고 묘당 위에 모셔 두었다더군요. 생각건대 이 거북이는 죽어 해골을 남겨 귀하게 되기보다는 차라리 살아서 진흙 속에 꼬리를 끌고 다니는 것이 낫지 않았을까요?' 대부가 말했다. '그야 살아서 진흙 속에 꼬리를 끄는 것이 낫겠지요.' 장자가 말했다. '돌아가시오! 나는 장차 진흙 속에서 꼬리를 끄는 거북이가 되려 하오.' 莊子釣於濮水 楚王使大夫二人往先焉曰 願以竟內累矣 莊子持竿不顧曰 吾聞楚有神龜 死已三千歲矣 王巾笥而藏之廟堂之上 此龜者 寧其死爲留骨而貴乎 寧其生而曳尾於塗中乎 二大夫曰 寧生而曳尾塗中 莊子曰 往矣 吾將曳尾於塗中."

47 곡량谷量 : 원래는 골짜기를 단위로 하여 마소 등 가축의 수를 계산하는 것으로, 매우 많은 것을 비유하는 말이다. 여기에서는 벼슬하는 대가로 얻는 봉록을 말한다.

48 초선貂蟬 : 담비 꼬리와 매미 날개 모양의 장식인데, 시중侍中 상시常侍 등의 관원 또는 현귀한 대신의 범칭으로 쓰인다. 여기서는 초선으로 꾸민 관. 벼슬살이를 대유적으로 표현한 말이다.

49 태사공太史公 : 사마천司馬遷. 한무제漢武帝 때의 태사령太史令. 이능李陵이 흉노匈奴에 항복하자 무제가 심히 노여워하였는데, 사마천이 이능의 충성심을 역설하다가 궁형宮刑을 당하였다. 이에 금궤 석실金匱石室의 서적을 모아 위로는 황제黃帝로부터 아래로 무제에 이르기까지 1백30편의 『사기史記』를 저술했다.

50 왕우군王右軍 : 진晉의 왕희지王羲之(307~365년). '서성書聖'으로 일컬어지는 중국 최고의 서예가.

51 백옥호白玉毫 : 부처의 백호상白毫相을 말한다. 『한국불교전서』 원문

의 '膽'은 '瞻'으로 정정하여 번역한다.

52 부명자浮名子 : 헛되이 명성을 드러내는 것을 추구하는 사람.

53 청태국淸泰國 : 아미타불이 계시는 극락의 다른 이름.

54 불자(麈) : 스님들이 강론할 때 드는 털이개.

55 게송(貫華) : 부처님이 설법을 하면 천신이 감동하여 각종 향화를 흩날린다고 한다. 여기에서 관화가 후에 불교의 정묘한 종지나 게송을 읊는 것, 불법을 창도하는 것을 의미하게 되었다. 상대어로 산화散華가 있는데, 이는 경전의 산문을 가리킨다.

56 유뢰劉雷 : 동진東晋의 혜원慧遠이 동림사東林寺에서 결사할 때 유생으로 참여했던 유유민劉遺民과 뇌차종雷次宗을 말한다.

57 소동파蘇東坡 : 소식蘇軾. 『정토전서』에 따르면 소식은 극락왕생을 극진히 믿은 인물로 소개되어 있다. "소식은 벼슬이 한림학사翰林學士에 이르렀다. 남으로 좌천될 때(南遷) 아미타상 한 축軸을 그려서 항상 곁에 차고 다녔다. 남들이 물어보면 답하기를 '이는 내가 서방에 왕생하는 공적인 증거물이오'라 하였다. 어머니 정程씨가 돌아가시자 호석胡錫이라고 하는 공인工人에게 유물인 비녀와 귀고리에 미타상을 그리도록 하여 왕생천도往生遷度하였다. 또한 동파의 부친인 노천老泉은 일찍이 극락원極樂院에 장육보살상丈善薩像을 조성하였다. 소식 집안사람들이 삼보에 귀의하는 마음이 이처럼 정성스러웠다."

58 동림東林 : 혜원(335~417년)이 여산의 동림에서 결사한 것을 이른다. 혜원은 중국 동진 때 스님으로 여산 백련사의 개조開祖가 된다. 13세에 이미 육경을 연구하였고 특히 노장학에 정통하였다. 21세에는 향산정 도안道安을 찾아가서 수행 정진하였고 373년(전진 건원 9년)에 부비苻丕가 양양襄陽을 공격하여 도안을 데리고 돌아가자 제자 수십인과 함께 남 형주로 갔다. 뒤에 나부산으로 가는 길에 여산을 지나다가, 그곳에 혜영慧永의 힘을 빌려 동림사를 지어 주석하면서, 그의 덕을 사모하여 모여온 사람들 123인과 함께 백련사白蓮社를 창설하여 염불 수행을 하였다.

59 서호西湖 : 상산. 항주의 서호. 동림의 결사처럼 정토업을 닦는 결사가 이루어진 곳이다. 『정토전서』에는 송나라 성상省常이 여산 혜원의 유풍을 이어 항주 서호 소경사昭慶寺에 머물며 오로지 정토업을 닦고 정토결사를 맺은 것으로 소개되어 있다. 宋省常 錢塘顏氏子 十七出家 受具 戒行謹嚴 通大乘起信 習天台止觀 續廬山遠公遺風 淳化中 住杭州西湖 專修淨業 結淨行社.

60 연화도蓮華道 : 정토를 닦는 정토종.

61 달팽이뿔(蝸角) : 『장자』「잡편」〈칙양〉에 나오는 와각지쟁蝸角之爭과 관련된 말로 아주 보잘것없는 것이라는 의미로 쓰인다. 有國於蝸之左角者 曰 觸氏 有國於蝸之右角者 曰 蠻氏 時相與爭地而戰 伏尸數萬 逐北旬有五日而後反.

62 『한국불교전서』 원문의 嬾는 懶로 보아 정정한다.

63 집지執持 : 굳게 고집하여 움직이지 않는 것. 『아미타경』에 "부처님의 명호를 언제나 간직하고 잊어버리지 않는다." 하였다.

64 장수와 요절(彭殤) : 팽彭은 고대 전설 속에 장수했다는 팽조彭祖를 말하고, 상殤은 성년 이전에 죽는 것을 말한다.

65 범천梵天 : [s][p]Brahmā. ① 색계의 초선천初禪天. 곧 범중천梵衆天·범보천梵輔天·대범천大梵天을 통틀어 말한다. ② 색계 초선천의 왕인 대범천을 말한다. 이름은 시기(尸棄, śikhin)라 하고, 도리천의 왕인 제석帝釋과 함께 불법佛法을 수호한다고 한다. ③바라문교에서, 우주를 창조하고 전개시키는 최고 원리인 브라흐만(brahman, 梵)을 신격화한 말, 또는 그 신의 세계를 말한다.

66 찰진刹塵 : 헤아릴 수 없이 많은 국토의 수를 말한다. 하나하나의 티끌 속에 무량한 국토가 있고 그것이 겹겹으로 되어 끝이 없는 것을 말한다.

67 대들보 지나자(經莛) : '극락 입구에 있는 대들보를 지나자마자'의 의미인 듯하다.

68 육방六方 : 동서남북 사방과 천지의 상하를 말한다.

69 좌망坐忘 : 자기의 심신을 잊은 채 우주와 일체가 되어 큰 도에 합치하는 것.

70 여래선如來禪 조사선祖師禪 : 여래선이란 말은 『능가경楞伽經』에 있는 것으로 규봉은 이것으로써 교선일치敎禪一致라 주장하여, 달마가 전한 최상승선이라 하였다. 그러나 여래선의 판별은 오히려 문자의 알음알이인 이理에 떨어져 달마가 전한 진선미眞禪味에 도달하지 못한 것이라 하여, 이와 상대적인 관점에서 조사선祖師禪이란 말이 생겨났다. 당나라 이후에 여래선이란 말은 조사선이란 말과 함께 쓰게 되어, 조사선은 달마의 정전正傳인 석가의 마음을 마음으로 아는 참된 선임을 말하는 것임에 대하여, 여래선은 『능가경楞伽經』·『반야경般若經』 등의 여래의 교설敎說에 의거하여 깨닫는 선을 가리킨다.

71 삼제三際 : 전제前際 · 중제中際 · 후제後際. 삼세三世와 같음.

72 의계衣裓 : ① 승복. 왼쪽 어깨 위에 걸치는 장방형의 포대布袋. ② 꽃을 담는 그릇.

73 『법화경』「신해품」에 있는 장자궁자長者窮子의 비유에 보이는 이야기다. 경전에서는 빈궁한 아들이 집을 나가 떠돌아다님에 비유하여 4대성문大聲聞의 신심信心으로 요해了解함을 말하였다. 여기에서는 극락세계의 교주 아미타불을 중생을 기다리는 아버지에 비유한 것이다.

74 지친 새는 ~ : 도잠陶潛의 「귀거래사歸去來辭」에 "새도 날다가 지치면 돌아올 줄 아네. 鳥倦飛而知還"라는 구절이 있다.

75 부처님(善逝) : 주 35) 참조.

76 조조刁刁 : 『장자』「제물론」에 보인다. 바람이 지나가면 살랑살랑 흔들리는 것. 바람이 일만 개의 구멍을 통과하고 나서 살랑거리는 고요한 상태를 가리킨다. "자기가 대답하였다. '대지가 숨을 내쉬면 그것을 일러 바람이라고 한다. 이것은 일어나지 않으면 그만이지만 일단 일어나면 온갖 구멍이 소리를 낸다. 너만 유독 '윙윙' 울리는 바람 소리를 듣지 못했는가. 험하고 높은 산림 속에서 둘레가 백 아름이 넘는 큰 나무의 구멍은, 어떤 것은 콧구멍 같고, 입 같고, 귀 같고, 기둥

받치는 가로 지른 나무 같고, 나무 그릇 같고, 절구통 같고, 깊은 웅덩이 같고, 얕은 웅덩이 같은 것이 있는데, 거기서 나는 바람 소리는 물 부딪치는 듯한 급격한 소리, 씽씽거리며 화살 나는 것처럼 높은 소리, 꾸짖는 듯 질타하는 소리, '헉헉' 들이마시는 것 같은 소리, 외치는 소리, 볼멘 듯한 소리, 웃는 듯한 소리, 귀여운 소리가 난다. 그런데 앞의 바람이 웅웅 불어대면 뒤의 바람이 따라서 윙윙 소리를 낸다. 산들바람이 불면 가볍게 화답하고, 거센 회오리바람이 불면 크게 화답을 하는데, 만일 크고 매운 바람이 그치면 곧 모든 구멍들이 텅 비어서 고요해진다. 너만 유독 바람이 지나간 뒤에 나뭇가지들이 흔들흔들거리고 살랑살랑거리는 모습을 보지 못했는가.' 子綦曰 夫大塊噫氣, 其名爲風 是唯無作, 作則萬竅窺怒呺 而獨不聞之翏翏乎 山陵之畏佳 大木百圍之竅穴 似鼻 似口 似耳 似枅 似圈 似臼 似洼者 似污者 激者 謞者 叱者 吸者 叫者 譹者 宎者 咬者 前者唱于而隨者唱喁 冷風則小和 飄風則大和 厲風濟則衆竅爲虛 而獨不見之調調之刁刁乎."

77 지뢰地籟 : 땅 구멍에서 들리는 소리. 『장자』「제물론」에 "지뢰란 여러 구멍에서 나는 소리이다. 地籟 則衆竅穴是已"라고 하였다.

78 가사(方袍) : 비구가 입는 3종의 가사. 모두 네모진 옷이므로 이렇게 이른다.

79 압연鴨烟과 실전實篆 : 향에서 피어오르는 연기를 말한다. 鴨은 고대에 오리 모양을 한 향로. 篆은 피어오르는 향 연기가 전서篆書의 모양이라 해서 전연篆煙이라 하기도 한다.

80 금문金文 : 불경.

81 『한국불교전서』 원문에는 大刀로 되어 있으나 제1구의 조조刁刁라는 표현에 유의하여 대조大刁로 파악하고 위와 같이 해석하였다.

82 방호산方壺山 : 전설 속 신선이 산다는 산 중의 하나. 일명 방장方丈산.

83 연방蓮邦 : 극락세계의 중생들은 모두 연화에서 살고 있어 극락을 연방이라 한다.

84 『한국불교전서』 원문은 '從勞'이나 이를 '徒勞'로 보아 해석한다.

85 교의敎義 : ① 교법의 의리 ② 교敎와 의義란 뜻. 언어 문자로써 말한 교와 그 안에 포함된 의리.

86 종승宗乘 : 『한국불교전서』 원문에는 '宋乘'으로 되어 있으나 이는 '宗乘'의 오기인 듯하다. '종승'은 선종에서 자신의 종파의 가르침을 종승이라 하고 그밖의 교종에서 전하는 가르침을 여승餘乘이라 하는데, 곧 선종의 가르침을 말한다. 나중에는 불교 각 종파마다 자신의 종파의 가르침을 종승이라 하고 다른 종의 교의를 여승餘乘이라 하게 되었다.

87 백련白蓮 : 동진東晋 때 여산廬山 동림사에서 혜원慧遠이 염불 수행을 위해 맺은 결사이다. 이 모임에는 혜영慧永, 혜지慧持, 도생道生, 등의 고승과 유유민劉遺民, 종병宗炳, 뇌차종雷次宗 등 이름난 유생들을 포함하여 모두 123명이 참여한 것으로 전해진다. 이처럼 백련은 원래 중국의 백련사白蓮社를 가리키나, 여기에서는 이러한 의미와 함께 백암 성총이 결성한 염불결사와 그 공간을 의미하는 것으로도 볼 수 있다.

88 『한국불교전서』 원문에는 '自石'으로 되어 있으나 이를 '自召'로 파악하여 번역하였다.

89 황면黃面 : 황면구담黃面瞿曇 또는 황면노자黃面老子. 선종에서 부처님을 가리키는 말로 쓰인다. 부처님의 몸이 황금빛이므로 이렇게 말한다.

90 연지회蓮池會 : 염불결사. 이 대목을 통해 백암 성총이 노년에 염불결사를 맺어 정토업을 닦은 것으로도 추정할 수 있다.

91 『법화경』 일곱 가지 비유 중의 하나인 화택의 비유와 관련된 대목이다. 화택은 3계가 탐욕 등의 번뇌로 어지러운 것을 불타는 집에 비유한 것이다. 『법화경』의 화택유火宅喩에서, 어느 장자長者가 불이 난 집 안에서 아무것도 모르고 뛰놀고 있는 아이들을 구하려고, 문밖에 양거羊車·녹거鹿車·우거牛車가 있으니 나오라고 소리쳐서, 아이들이 문밖으로 뛰어 나오자, 모두 똑같은 대백우거大白牛車를 주었다고 하였다.

92 세 벌 가사(三事) : 삼사납三事衲. 즉 세 벌의 가사의 준말. 납衲은 가사, 5조條 · 7조 · 9조를 말한다.

93 세 벌 옷(三衣) : 비구가 입는 의복 세 가지를 말한다. 첫째는 승가리僧伽梨로 중의重衣 · 대의大衣 · 잡쇄의雜碎衣라 번역한다. 마을이나 궁중에 들어갈 때 입는다. 둘째는 울다라승鬱多羅僧으로 상의上衣 · 중가의中價衣 · 입중의入衆衣라 번역한다. 예불 · 독경 · 청강 · 포살布薩 등을 할 때에 입는다. 셋째는 안타회安陀會로 내의內衣 · 중숙의中宿衣라 번역한다. 사찰 안에서 작업할 때 또는 상床에 누울 때 입는다.

94 호방虎榜 · 용방龍榜 : 호방은 무과의 방목榜目, 용방은 문과의 방목을 말한다. 진사 급제자의 성명을 발표하는 방榜을 용호방龍虎榜이라 한다.

95 무관들(羽林) : 우림羽林은 임금의 숙위宿衛를 맡아보는 근위병近衛兵을 말한다. 여기에서는 문관의 상대어로 무관을 말한다.

96 안개 낀 풀밭(烟迷草) : 안개가 끼어 흐릿하게 보이는 풀.

97 『선문염송』 고칙 161에 있는 이야기. 방거사가 마조에게 "일만 법과 친구가 되지 않는 이는 어떠한 사람입니까?"라 물었다. 마조는 대답하기를 "네가 한 입으로 서강의 물을 다 마시는 것을 기다려 말하리라." 하니 거사는 말을 마치자마자 깨달았다고 한다.

98 가섭이 석존에게 귀의하기 전에는 불을 섬기는 외도에 속하였다. 어느 날 석존께서 마침 그곳을 지나다가 하룻밤 머물고자 하였다. 가섭은 큰 용이 사는 석굴에 석존을 모셨는데, 한밤에 용이 불을 뿜으며 석존을 해치려 하였다. 석존은 자비심을 일으켜 삼매의 불을 나타내자 화룡은 피하여 석존의 발우 속에 들어가 버렸다. 이에 가섭은 마침내 제자 500명을 이끌고 석존에 귀의하였다는 고사가 있다.

99 오만한 기(慢幢) : 교만심이 가득 차오른 것을 설법할 때 높이 세운 당幢에 비유한 말.

100 흰 옷이 늙은 개 되는 세상사(白衣蒼狗) : 두보의 시 「가탄可歎」에 "하

늘 위 뜬 구름이 흰옷 같더니만 잠깐 사이 어느덧 늙은 개 되었네. 天上浮雲如白衣, 斯須改變如蒼狗"라 한 이후 세상일이 변화가 무상한 것을 말한다.

101 달팽이 뿔 쉬파리 머리 같은 일(蝸角蠅頭) : 달팽이의 촉각이나 쉬파리의 머리같이 극히 작은 명예나 이익을 가리킨다.

102 꼬집는 말(危言) : '위언危言'의 원래의 의미는 조금도 두려워하지 않고 강직하게 기탄없이 하는 말. 남을 놀라게 하는 말. 직언直言.

103 공평한 도(公道) : 두목杜牧의 시 「송은자送隱者」에 "세간의 공평한 도리는 오직 백발뿐이라, 귀인의 두상에도 일찍이 봐준 적이 없었네. 公道世間惟白髮 貴人頭上不曾饒"라고 한 바 있다.

104 푸르게 빛내리오 : 사람이 찾아와 반갑게 맞이한다는 뜻.

105 고갯마루 매화(嶺梅花) : 영매嶺梅는 기후의 차이에 따라 남쪽과 북쪽의 개화開花 시기가 다르다는 대유령大庾嶺의 매화를 가리키며, 옛날 친지들끼리 서로 매화꽃 가지를 부쳐 주던 풍속이 있었다고 한다. 여기서는 고갯마루에 핀 맑은 향기를 풍기는 매화로 해석하는 것이 자연스럽다.

106 거닐 때(經行) : '경행經行'은 참선하다 잠시 돌아다니는 것을 말한다.

107 마음 잠재우려(灰心) : 마음에 욕심이 없고 고요하여 외물에 유혹되지 아니하는 일.

108 『한국불교전서』 원문 "悔吾今始覺前非"의 '始'를 '是'로 보아 해석한다.

109 환향還鄕 : 마음의 본향으로 돌아감. 이러한 경지를 노래한 게송으로는 청허 휴정(淸虛休靜, 1520~1604년)의 「환향곡還鄕曲」과 기성 쾌선(箕城快善, 1693~1764년)의 「염불환향곡念佛還鄕曲」 등이 있다.

110 어려서 집 나간(弱喪) : '약상弱喪'은 어려서 집을 떠나 오래도록 타향에서 편안하게 살다 보니 마침내 고향에 돌아갈 줄도 모르게 된 경우를 말한다. 『장자』 「제물론」에 "삶만을 좋아하는 것이 미혹된 것이 아닌 줄 어찌 알랴. 그리고 죽음을 싫어하는 것 역시 어려서 집을 떠나 돌아갈 줄을 모르는 것이 아니라고 어떻게 단언할 수 있으랴? 予惡

乎知說生之非惑邪 予惡乎知惡死之非弱喪而不知歸者邪"라고 하였다. 그 주석에 "약함은 어린 나이를 말하고 잃음은 난리를 만나 고향을 잃은 것이다. 弱者弱齡也 喪之言 謂遭亂喪失桑梓"라 하였다.

111 세 벌 가사(三事) : 주 92 참조.

112 두 궤짝의 경(兩函經) : 당唐 나라 때 고승高僧인 유엄 선사惟儼禪師와 유학자儒學者인 이고李翱는 승僧과 속俗의 차이가 있었지만 유독 친했다 한다. 이고가 일찍이 낭주 자사郎州刺史가 되었을 때 약산藥山의 유엄 선사를 찾아가서 "도대체 무엇이 도道입니까?" 하고 묻자, 유엄 선사가 "구름은 하늘에 있고 물은 두레박에 있소." 하니, 이고가 게偈를 지어 "몸의 형체를 학의 형체처럼 단련했어라, 천 그루 소나무 아래 두 함의 경일레. 내 와서 도 물으니 아무런 다른 말 없이, 구름은 하늘에 있고 물은 두레박에 있다고만. 鍊得身形似鶴形 千株松下兩函經 我來問道無餘話 雲在靑天水在缾"이라 하였다. T51. no.2076『경덕전등록景德傳燈錄』제14권.

113 청태국淸泰國 : 극락국. 주 53 참조.

114 인생의 부상함을 비유한 표현. 『장자』「지북유」에 "사람이 하늘과 땅 사이에서 사는 것은, '흰 말이 달려 지나가는 것을 문틈으로 보는 것'처럼 순간일 뿐이다. 보는 사물들은 물이 솟아나듯이 문득 생겨났다가 물이 흐르듯 아득하게 사라져 가는 것이다. 변화로써 태어났다가 또한 변화로써 죽을 뿐이다. 人生天地之間 若白駒之過郤 忽然而已 注然勃然 莫不出焉 油然漻然 莫不入焉 已化而生 又化而死"라고 하였다.

115 팔굉八紘 :『한국불교전서』원문에는 팔현八絃으로 되어 있으나, 팔굉으로 정정한다. 팔굉은 팔방八方의 끝으로 지극히 먼 곳, 천하와 같은 뜻이다. 시에서는 다양하고 복잡한 세상일을 대유적으로 표현한 것이다.

116 박산博山향로 : 제기의 위에 산 모양을 새긴 향로나 종을 박산종博山鐘, 박산로博山爐라 한다.

117 팔환八還 : 팔환변견八還辯見의 줄임말. 환還은 되돌아간다는 뜻이

다. 세간의 모든 변화상은 각각 그 근본이 말미암은 곳으로 돌아가는데, 여기에는 여덟 가지 종류가 있어 팔환八還이라고 한다. 팔환변견이란 곧 팔종의 되돌릴 수 있는 경계의 소견所見으로써 능견能見의 본성을 되돌릴 수 없음을 분별하는 것이다.

118 아양곡峨洋曲 : 백아는 거문고를 잘 탔는데 그를 알아주는 이는 오직 종자기였다. 백아가 산을 타면 종자기는 "아, 높고 높구나峨峨 태산과 같도다." 하고, 물을 떠올리며 거문고를 타면 "좋구나, 출렁거림이여洋洋 도도히 흐르는 강물과 같구나."라고 하였다 한다. 이를 '아양곡'이라 이름한다.

119 지신(地祇) : 지지地祇는 땅의 신이다.

120 천뢰天籟 : 자연의 울림. 바람소리, 새소리 흐르는 물소리 등. 『장자』 「제물론」에 "너는 인뢰人籟는 들었어도 아직 지뢰地籟는 듣지 못했을 것이며 지뢰는 들었어도 아직 천뢰天籟는 듣지 못했을 것이다. 女聞人籟而未聞地籟, 女聞地籟而未聞天籟夫"라 하였다. 인용문에서 인뢰는 사람이 부는 퉁소 소리, 즉 악기 음악 소리요, 지뢰는 대지가 부는 퉁소 소리, 즉 뭇 구멍에서 바람이 불 때 일어나는 소리요, 천뢰는 하늘이 부는 퉁소 소리, 곧 하늘의 음악, 우주의 음악을 가리킨다.

121 쌍조雙鳥 : 한유(韓愈. 768~824년)의 오언 고시 가운데 「쌍조시雙鳥詩」라는 장시長詩가 있는데, 이 시의 두 마리 새에 대하여 각각 이백李白과 두보杜甫, 불교(석가모니)와 도교(노자), 한유 자신과 맹교孟郊라는 각각 다른 주해들이 있다(『한창려집韓昌黎集』 권5). 『정토찬』의 이 대목은 온갖 종류의 새를 가리키면서 동시에 뛰어난 시인을 가리키는 것으로도 해석할 수 있다. 원시는 다음과 같다. 雙鳥海外來 飛飛到中州 一鳥落城市 一鳥集巖幽 不得相伴鳴 爾來三千秋 兩鳥各閉口 萬象銜口頭 春風卷地起 百鳥皆飄浮 兩鳥忽相逢 百日鳴不休 有耳聒皆聾 有口反自羞 百舌舊饒聲 從此恒低頭 得病不呻喚 泯默至死休 雷公告天公 百物須膏油 自從兩鳥鳴 聒亂雷聲收 鬼神怕嘲詠 造化皆停留 草木有微情 挑抉示九州 蟲鼠誠微物 不堪苦誅求 不停兩鳥鳴 百物皆

生愁 不停兩鳥鳴 自此無春秋 不停兩鳥鳴 日月難旋輔 不停兩鳥鳴 大法失九疇 周公不爲公 孔丘不爲丘 天公怪兩鳥 各捉一處囚 百蟲與百鳥然後鳴啾啾 兩鳥旣別處 閉聲省愆尤 朝食千頭龍 暮食千頭牛 朝飮河生塵 暮飮海絶流 還當三千秋 更起鳴相酬.

122 두 함(二函) : 내편과 외편으로 묶인 『장자』를 가리킨다.

123 동림의 혜원공 : 주 58 참조.

124 오솔길(裙腰) : '군요裙腰'란 치마허리처럼 풀 속으로 아주 좁게 난 오솔길을 말한다. 백거이白居易의 「항주춘망杭州春望」 시에, "그 누가 호사의 서남쪽에 길을 내었나, 풀 속으로 치마허리 한 길이 비껴 있네. 誰開湖寺西南路 草綠裙腰一道斜"라고 하였다.

125 혀[舌] : 『한국불교전서』 원문에는 '古'자로 되어 있으나 '舌'로 파악하여 고쳐 해석한다.

126 경창經窓 : 경전을 보는 방. 혹은 그 창. 서창書窓과 같다.

127 강하江夏 : 강하팔준江夏八俊으로, 동한東漢에서 유표劉表, 진상陳翔, 범방范滂, 공욱孔昱, 범강范康, 단부檀敷, 장검張儉, 잠질岑晊 등 여덟 명이 교유했던 고사를 가리킨다. 『삼국지』 「위지」 〈유표전〉. 여기에선 아마도 산문山門이 아닌 세속의 의미로서 강호江湖를 가리키는 듯하다.

128 유마 ~ 불이문 : 유마維摩 거사의 불이법문으로 『유마경』의 중심 법문이다. 모든 법이 둘이 아닌 도리에 증입證入하는 법문을 말한다. 문수보살 등 32보살과 유마 거사가 생멸불이生滅不二 · 수불수불이受不受不二 · 선악불이善惡不二 등 불이법문에 대하여 문답하고, 최후에 유마는 침묵으로 대답을 하자 이 문답을 들은 5천 보살이 모두 불이법문에 들어가 무생법인無生法忍을 얻었다. 문수사리가 유마힐에게 우리들이 각자 불이법문을 말했는데 그대는 어떠한가 물으니 유마힐은 묵연히 말이 없었다(默然不語). 이에 문수가 "좋고 좋도다. 언어 문자가 없는 곳에 이르는 이것이 참으로 불이법문에 드는 것이다."라고 하였다.

129 무념無念 : 모든 분별이 끊어져 번뇌와 망상을 일으키지 않는 상태를 말한다.

130 진상眞常 : 진여상주眞如常住. 깨달음의 경지를 말한다.

131 금선金仙 : 석가모니.

132 티끌 모래(塵沙) : 중생을 뜻한다.

133 극락세계의 금은 보배와 관현의 풍류 음악은 세속적인 부귀영화나 환락과는 다른 차원임을 말하고 있다.

134 『한국불교전서』 원문에는 이 대목이 '匸重行樹'로 되어 있으나, 이는 '七重行樹'의 오기이기에 바로잡는다.

135 16관觀 : 아미타불의 불신·국토를 관상觀想하는 16종의 방법. 『관무량수경觀無量壽經』에서 위제희 부인과 다음 세상에 날 중생들을 위하여, 극락세계에 가서 나는 한 방편으로 제시提示한 수행법이다.

136 영령한英靈漢 : 뛰어난 사람. 걸출한 인재.

137 정토의 세 경전 : 정토삼부경淨土三部經인 『불설무량수경』, 『불설관무량수경』, 『불설아미타경』.

138 진역震域 : 동방. 중국.

139 도연명 : 호계삼소虎溪三笑의 등장인물이다. 주 2 참조. 한편 도연명은 이 결사에 여러 번 동참하려 했지만 끝내 그 뜻을 이루지 못했다는 이야기가 전한다.

140 야사耶奢 : 불타야사佛陀耶舍를 가리킨다. 불타야사는 각명覺明이라 번역하는데, 생몰년은 미상으로 북인도 계빈국罽賓國의 바라문 출신이다. 13세에 출가하여 27세에 구족계具足戒를 받고, 사륵국沙勒國에 이르러 태자 달마불다達摩弗多의 환대를 받았다. 그때 구자국龜玆國에서 온 구마라집鳩摩羅什에게 아비달마阿毘達磨와 십송률十誦律을 가르쳤고, 그 후 구마라집의 청으로 408년에 장안長安에 와서 『사분율四分律』·『장아함경長阿含經』 등을 번역하고 413년에 계빈국으로 돌아갔다. 여산의 혜원이 390년에 백련사를 결성하고, 123인과 함께 극락세계에 가서 나기 위하여 행업行業을 닦을 때, 함께 참여한 인

물 중 훌륭한 인물 18인을 꼽아 여산廬山 18현賢이라 하는데, 그 중 한 사람으로 전한다.

141 사변四辯 : 사무애변四無礙辯를 말한다. 즉 법무애法無礙 의무애義無礙 사무애辭無礙 요설무애樂說無礙 등이다.

142 심계心戒 : 속으로 바라는 마음, 또는 마음으로 생각하는 그릇된 것을 제지하는 계.

143 의성疑城 : 아미타불의 정토에 의혹을 품은 자가 머무는 곳. 서방정토의 변두리. 이곳에 난 이는 의심한 죄로 5백 세 동안 삼보를 보지도 듣지도 못한다 한다.

144 덫을 잊었노라(忘蹄) : 득토망제得兎忘蹄. 덫을 놓는 것은 토끼를 잡으려 하는 것이니, 토끼를 잡으면 덫을 잊는 것을 말한다. 『장자』「외물」에 "蹄者所以在兎, 得兎而忘蹄"라 하였다. 득어망전得魚忘筌과 같은 의미다. 여기서는 인생살이의 굴레에 얽매이지 않게 되었다는 문맥으로 해석된다.

145 거친 밥(脫粟) : 탈속의 원래 의미는 껍질만 벗기고 정제하지 않은 곡식을 말한다.

146 애욕의 강(愛河) : 정욕情欲. 애정. 정욕의 해로움이 사람을 바다에 빠뜨리는 것과 같다 하여 이와 같이 이름 붙인 것이다. 『능엄경』 권4에 "愛河乾枯, 令汝解脫"이라 하였다.

147 푸른 눈동자 : 부처님이 되면 눈빛이 푸르게 된다. 32상相 80종호種好의 하나. 32상에 진청안상眞靑眼相이 있는데 이는 곧 눈동자가 검푸르다는 것을 말한다. 이외에도 이 대목은 문맥상 '청안靑眼'과 같은 의미, 즉 따스한 눈길로 맞아준다는 해석도 가능하다.

148 부처님의 옥 같은 손으로 정수리를 어루만져 주는 것을 말한다.

149 혜예惠叡 : 355~439년. 남조南朝 유송劉宋의 승려. 백련사에서 혜원과 함께 정토업을 닦은 백련사白蓮社 18현賢 중의 한 사람. 여산의 혜원이 390년에 백련사를 결성하고, 123인과 함께 극락세계에 가서 나기 위하여 행업行業을 닦을 때, 그 중에 훌륭한 인물 18인을 꼽는다.

혜원慧遠 · 혜영慧永 · 혜지慧持 · 도생道生 · 담순曇順 · 혜예慧叡 · 담항曇恆 · 도병道昺 · 담선曇詵 · 도경道敬 · 불타야사佛陀耶舍 · 불타발타라佛馱跋陀羅 · 유유민劉遺民 · 장야張野 · 주속지周續之 · 장전張詮 · 종병宗炳 · 뇌차종雷次宗 등이다. 주 58 참조.

150 담선曇詵 : 백련사에서 혜원과 함께 정토업을 닦은 백련사白蓮社 18현賢 중의 한 사람.

151 삼소三笑 : 호계삼소. 주 2 참조.

152 큰 거울(殷鑒) : 『시경』에, "은나라의 거울(殷鑒)이 멀리 있지 않다. 하후夏后의 시대에 있다."라는 구절이 있는데, 이는 하夏나라의 임금 걸桀이 악한 정치를 하다가 은殷나라에게 나라를 빼앗겼으니 은殷은 그것을 거울삼아 정치를 잘해야 한다는 뜻이다. 즉 전날의 일을 거울삼아 스스로 권면해야 한다는 말이다.

153 재삼 다짐(三復) : '삼복'의 원래의 의미는 여러 번 되풀이함, 자주 되풀이하여 송독誦讀하는 것을 말한다. 여기서는 강조의 의미로 파악된다.

154 기산자는 임석진(林錫珍 : 1892~1968년. 송광사 주석)의 호이다.

옮긴이의 말

이 책의 저자인 백암 성총은 중국에서 전해 온 정토신앙 관련 책들을 정리하여『정토보서』를 펴냈는데, 이는 정토신앙과 관련된 다양한 교리와 왕생담을 한 권의 책으로 집약해 놓은 책으로서, 조선 후기 정토신앙의 이론적 토대를 정립하는데 중요한 기반이 되었다. 성총은 노년에 이러한 정토신앙을 자신의 삶과 수행의 지향점으로 삼아 실천하였으며, 이를 100수가 되는 장편의 시로 승화시킨다. 바로 이『백암정토찬』은 한평생을 불서의 간행에 헌신한 백암 성총의 간절한 소망을 담은 극락의 노래요, 구도의 노래인 것이다.

이 책을 읽는 독자들은 대사가 펼쳐 보이는 장엄한 극락의 광경에 황홀감을 느낄 것이요, 그가 살아왔던 시대의 현실과 지내온 삶의 체취도 느낄 수 있을 것이며, 종교적 이상향에 대한 간절한 서원에 감동할 수 있을 것이다. 또 고즈넉한 산사의 여러 풍광과 약동하는 대자연이 빚어내는 아름다운 서정을 느껴 볼 수 있을 것이다. 부디 한평생의 학문과 수도와 간절한 신앙이 어우러진 정토의 노래가 시대를 초월하여 독자들의 심금을 울리고 메마르고 거친 이 세상에 메아리로 울려 나갔으면 하는 바람을 가져 본다. 그러나 이러한 아름다움을 번역을 통해서 충분히 전달하였는가 하는 데서는 다만 부끄러움이 앞설 따름이다. 질정을 바란다.

2010. 5.
김 종 진